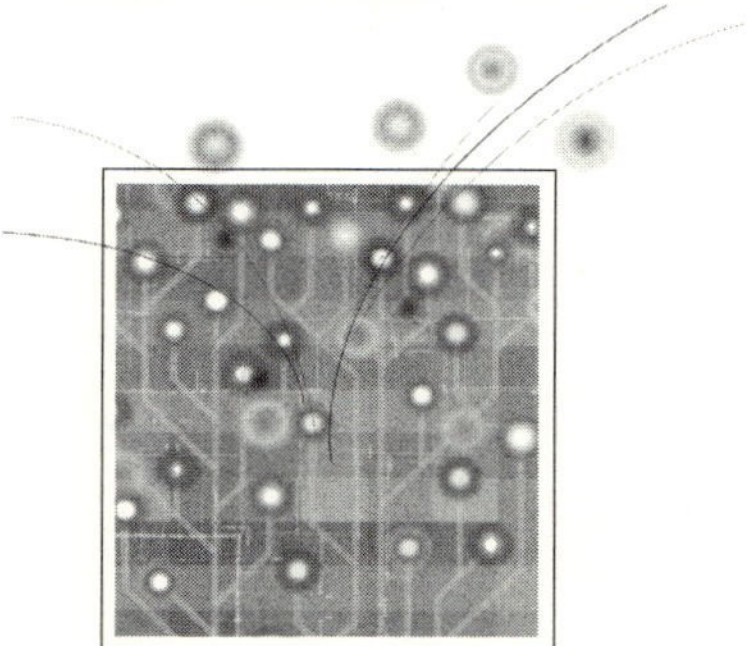

論理思考の鍛え方

小林公夫

能力の系統樹

もうかれこれ四半世紀も前になろうか、大学4年生の頃、中学を受験する小学生を教えた経験がある。その後、企業の採用試験、国家公務員試験、ロースクール適性試験、医学部入学試験に挑戦する、数えきれないほどの学生や社会人を職業として教えてきた。様々な分野、段階の試験問題に触れ指導する経験を通じ、私は現在の日本で実施されている代表的な難関試験の全体像を鳥瞰するという稀有《けう》な機会に恵まれたといえる。入学試験や各種資格試験の指導の傍ら、私はこれまで多くの手引書、参考書も執筆してきた。信じ難い話かもしれないが、中学受験、医学部受験、ロースクール受験、司法試験、公務員受験などの対策本を中心に、その数約250冊である。試験問題の分析から生まれたあまたの著書の中には、「SPI」という、企業の採用試験で課される能力検査の分析に関するもので、94年の発売以来、毎年版を重ね、今や累計60万部を超えているものもある。

現在、私は、顧問を務める資格予備校で、主としてロースクール受験のための「法曹への論理学」や「小論文」(法律の基礎論)を、更に「一般教養」として、自然科学、人文科学、社会科学に関する講義を担当している。

これらの試験問題を、それぞれの受験生を教えるという立場で分析・研究してきたが、ある時まで目にしたことのない試験があった。それがいわゆる「お受験」と呼ばれる試験、小学校入試である。

たまたま、娘が小学校受験に備える年齢になった頃、何気なく書店に立ち寄り目に付いた小学校受験対策本を手に取り、パラパラとめくってみた。そのとき、私は体に電気が走るような衝撃を受けたのである。

そこには、コンピュータ業界などの採用試験で使われているCABという能力検査と内容がまったく同一と思える問題が掲載されていた。更にページを追っていくと、設問の表現こそ違え、医学部入試や国家公務員I種試験、ロースクール適性試験の問題と本質的に類似する内容のものがいくつも散見された。これは私にとり、ジグソーパズルの最後の一片が収まった瞬間のような感覚であった。

ひとくちに試験といっても、小学校と難関大学・学部の入学試験、企業の採用試験では全く別モノのように思えるし、まして公務員試験や難関資格試験とでは、科目も専門性も大きく異なると感じられるのが、一般の感覚であろう。

むろん、それらの試験はそれぞれ、ある種の特化した知識が必要になるのは事実である。しかし、実はそれだけではない。日本で実施されているさまざまな試験問題に触れ、それらを一様に分析・検討することを通じて、私は一つの仮説にたどり着いた。

それは、「これらの試験で問われていることの背後には、構造に一定の決まり、枠組みが潜んでいるのではないか」というものである。

小学校入試の問題を見たとき、それまで漠然と抱いていたこの私の仮説は、一歩確信へと近づいた。つまり、成長段階に応じて設問の仕方や難易度の違いはあるにせよ、出題者が好んで試そうとしている能力には一定の共通要素が存在するのではないかとの確信が生まれたのである。そのことを形として、実証してみたい。これが本書を執筆した動機であり目的である。

そのとき、私が頭の中で思い浮かべたのは、「能力の系統樹」ともいうべきものである。根、幹、枝葉と、時とともにいずれ分岐していくとは言え、人間の能力には一本の木としてつながりがある。すなわち、大地に近い根の部分は幼児期に相当し、そこには萌芽の段階ながら豊かな可能性を秘めた様々な能力が育まれている。それらの能力は学習や体験をとおして逞《たくま》しい幹に成長し、やがて専門性という枝を分岐し花や実をつける。その果実こそ、その人にもっとも適した職業、といえるのではないだろうか。

本書では小学校・中学校から東大の入試、企業採用試験、国家公務員I種試験、ロースクール適性試験、医学部の入学試験まで、試験問題を分析することで共通する枠組みを抽出し、そこで求められている能力の在り様を解明していきたい。

ただし、各種試験問題はペーパーテストに即した分析なので、主として論理的思考力の側面からの考察になることをお断りしておきたい。

同時に、ささやかではあるが、試験で問われる能力の発達を促す手がかりも探ってみたい。確かに能力には、生まれ持った先天的側面というものもあろう。しかし、そのレベルを引き上げられるかどうかは、努力や環境という後天的な側面にも依存しているのである。長年の教育経験を通じ、私はそう信じている。

医師
国家試験
国Ⅰ
ロースクール
資格試験
瞬間的
利益衡量
総合的
利益衡量
論証
能力
実質的
利益衡量
利益衡量
中高大
入試
SPI
論理的思考力
整理・要約
因子順列
直感的着眼
抽象
小学校
入試
推理
比較
集合
(同一性の発見)
(柔軟な発想)

目次

能力の系統樹　3

第1章　有名小学校入試問題から幼児期に芽生える能力因子を考える……11

能力の構成因子……能力の発達段階……論理的思考力と社会性……七つの能力因子……推理能力——物事の関係性の発見……比較能力——相対性の認識……集合能力——全体と部分の把握……抽象能力——高度な問題解決能力……整理・要約能力——言語を媒介とする論理性……直感的着眼能力……直感的着眼能力はセンスなのか……因子順列能力……総合能力……能力因子の定義……能力を伸ばす子育ての秘訣……ルルのパーティ——絵本に潜むヒント……子供と向かい合うことの大切さ……能力を伸ばす環境

〈コラム〉能力の個性とは　70

〈コラム〉巧緻性——ペーパーでは測れない総合能力——　73

第2章　難関中学・東大入試問題から論理的思考能力の発達を考える……77
能力発達の転換期……中学校入試問題――論理的推理と創造的推理……推理力を基盤とした比較能力の問題……直感的着眼能力――注意深い観察と新局面の発見……東京大学の入試問題
〈コラム〉推理能力は、能力因子の王様？　113

第3章　企業採用テストと国家公務員Ⅰ種試験問題から社会人に求められる職業能力を考える……115
採用テストで見る企業が求める人材……ＳＰＩはどんな能力を測っているか……ＳＰＩ能力検査・非言語検査(数理能力の検査)……ＳＰＩ能力検査――言語能力……ＣＡＢが測る能力因子……国家公務員Ⅰ種試験……人材を配分する能力……利益衡量能力とは……予算を配分する能力……直感的着眼能力を活かす利益衡量能力……元キャリア官僚Ａ氏の履歴

第4章　ロースクール適性試験問題から法曹人に求められる能力因子を考える……163
リーガルマインドに内在する能力因子……正義の女神の天秤の示すもの……法曹的な利益衡量とは……法曹人に特有な新たな能力因子……論証の基本構造……批判と異論……実質的な利益衡量とは……ある裁判の傍聴体験——仮説の実証

第5章　医学部入試問題から医師に求められる能力因子を考える……209
医師の適性を測る問い……ある研修医の推理能力……医学部入試英語で問われるもの……データ解析の素養……興味深い報告書……臨機応変の工夫の背後にあるもの……緊急時における利益の選択……患者の自己決定権と衝突する医術的正当性……薬害エイズ事件における利益衡量

〈コラム〉神の手を持つ医師　244

Ergebnis(帰結)　246

参考文献　251　　あとがき　259

第1章

有名小学校入試問題から幼児期に芽生える能力因子を考える

能力の構成因子

私たちは能力、または知能という言葉を日頃何気なく使っている。「あの人は知能が高い」、あるいは「理数系の能力がある」、「表現能力に優れている」などという。もっと単純に「頭がいい、悪い」といったりするのも、人の能力を比較できるものと感じているからだろう。確かに人間の能力には個人的な差、さらにいえばレベルの高低の差があることを私たちは経験的に知っている。しかし、能力とは何か、人はどんな種類の能力を持っているのかを客観的に提示するのはなかなか容易ではない。

心理学では、個人差のある基本的な能力のことを「知能」と呼んでいるが、実はその定義は曖昧《あいまい》なのだという。だが、トータルな能力の定義づけなどにはこだわらず、その構成因子を研究することで知能の実態に迫ろうとした心理学者たちがいる。

例えばサーストンは、ある特定課題にはそれを解く特定の能力が必要であるとし、次のような知能の構成因子を挙げている。すなわち、空間的因子、数的因子、言語理解の因子、語の流暢《りゅうちょう》さの因子、記憶的因子、帰納的因子、知覚的因子の7因子である。

また、ギルフォードは「知性の構造」の三次元モデルを提唱し、人の知能には論理的に120の因子が存在するとの仮説をうち立てた。このモデルを基に彼は知能（知性）とは

「記憶」と「思考」に大別することができるとし、さらに思考には集中的思考と拡散的思考の二つの側面があるとした。集中的思考能力とは、すでに知っている事柄を手掛かりに、論理的に一つの解答を得る思考方法である。言葉を換えれば正しい答えが一つに決まっているような課題に取り組むときの思考方法ともいえる。一方、拡散的思考能力とは、わずかな事柄を手掛かりに、様々に異なる解答を生み出す思考方法である。創造的思考能力ということもできる。

こうした研究を踏まえ、現在の心理学では知能＝能力を考える場合、知能という概念を定義することはそれほどの意味がなく、むしろ知能を構成していると考えられる因子構造を解明することでその本質を明らかにすることに重点が置かれているという。

序文で触れたように、私は現在日本で実施されている様々な試験――小学校入試から最難関といわれる資格試験まで――で問われている能力には、共通の枠組みがあるのではないかという仮説を立てた。それを実証するには、能力というものは因子から構成されているという考え方、とりわけ、ある課題をクリアするにはそれに対応する能力因子が必要だという考え方が、第一に有力な手掛かりになると思われる。

表1を見ていただきたい。これはある幼児教育教室がまとめた「国・私立有名小学校入試問題出題傾向」という資料である。小学校の入試問題の領域と、それがどのような能力

表1　国・私立有名小学校入試問題出題傾向

領域	問題の内容	ねらい
数　量	数の多少、数の大小、計数、量、分割、対応、操作、加算、減算、順番、順序	数に対する直感的判断力、数概念の理解
抽　象	同類発見、異類発見、同図形発見、類似点と相違点	ものの概念、定義
推　理	空間判断、図形判断、鏡映像、迷路、展開図形、系列、図形完成、弁別、関係把握	空間知覚、洞察力、推理思考
記　憶	話の記憶、絵の記憶、図形の記憶、色の記憶、形の記憶、位置の記憶	記憶理解
言　語	絵を見て話をつくる、しりとり、語彙	言語表現
構　成	図形構成、図形分割、積木構成、プレート構成	推理による構成能力
位　置	前後、左右、上下、方向	空間位置の理解
常　識	科学的常識、道徳的判断、交通常識、躾	常識
模　写	図形模写、点図形	注意力、表現力
巧緻性	紐通し、紐結び、箸の使用、鋏の使用、塗り絵	手指運動能力
反応速度	置換、抹消	
分　類	日用品の分類、色･形･材質の分類、科学的分類	推理思考、常識
絵画制作	自由画、課題画、自由工作、課題工作	造形的表現力
運　動	模擬体操、跳躍、平衡感覚、投球、回転、懸垂、スキップ、ケンパ、ケンケン	運動機能
音楽リズム	リズム運動、リズム打ち、リトミック、歌唱	音感､歌唱､リズム感
面　接	常識事項、公衆道徳、躾、社会性、知的事項	日常生活常識
行動観察	個人、集団(ゲーム、ごっこ遊び、命令行動)	態度の観察
身体検査	一般検診	健康診断､疾病の有無

一橋能開センター編「入学試験問題集合格辞典」より

を測ろうとしているのかという「ねらい」が詳細に分類されている。これを見ると、サーストンやギルフォードが提唱した知能の構成因子と共通する項目がいくつも挙げられているのが分かる。

つまり、小学校入試では能力因子の解明という心理学の研究成果を踏まえて、受験する子供の能力を知ろうとしていると推測できるのだ。

能力の発達段階

心理学では、能力の枠組みとして、能力因子の類型化という試みが様々になされていることはおぼろ気ながら分かった。

ここでもう一つ気になる学説を紹介したい。

それは、人間の種々の能力がどのように発生し、どのような段階を踏んで発達していくのかに言及する理論、すなわち、能力の時期と発達の側面に関する「理論」である。

その学説の提唱者は、スイスの実験心理学者ジャン・ピアジェという人で、彼は、子供の思考や認識の発達段階を臨床法という画期的な方法で精細に研究したのである。

ピアジェは11歳ぐらいまでの子供の認知発達段階を表2のように四つの時期に分類し、各時期における子供の認知、思考の特徴を解明した。

表2　ピアジェの学説による認知発達段階

1．感覚運動的知能期	（0～2歳）
2．前操作的思考期	（2～7歳）
・前概念的思考段階	（2～4歳）
・直感的思考段階	（4～7歳）
3．具体的操作期	（7～11歳） ⇒ある程度の論理的思考
4．形式的操作期	（11歳以降） ⇒仮説演繹的思考

ピアジェの学説に触れ、驚いた点は、表2、2の後半の「直感的思考段階」にある子供と3の「具体的操作期」に足を踏み入れた子供では能力に格段の差があること、また、同様に3の「具体的操作期」と4の「形式的操作期」でも子供の思考方法に大きな変化があるということだった。

例えば彼は、右記の事柄を示すため「直感的思考段階」にある子供に次のような実験を試みた。

子供の前に同じ数のおはじきを等間隔で2列平行に並べる。この時点で子供はそれぞれの列のおはじきの数が同じであることを理解している。次に子供の見ている前で下の列のおはじきの間隔を広げ、列の幅を長くする。そしてどちらが多いかをたずねてみるのであ

図 1

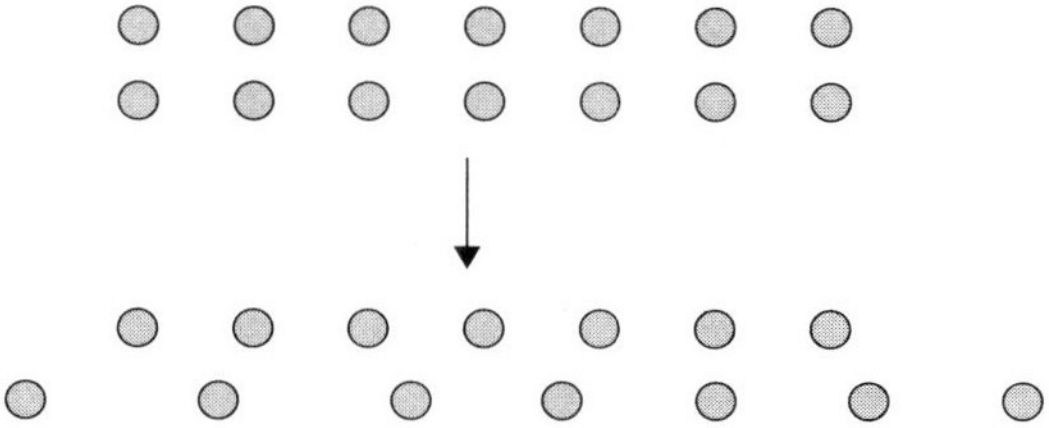

図 2

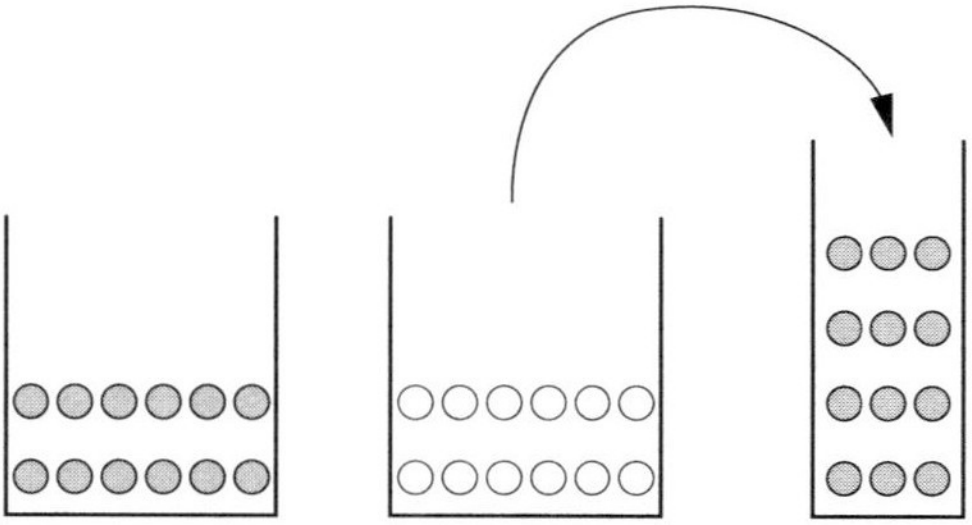

図 3

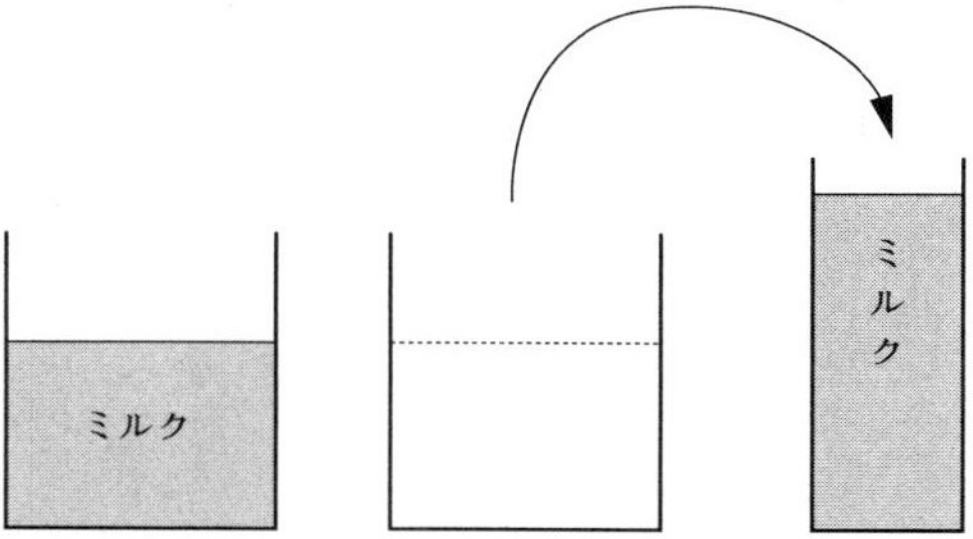

る。すると直感的思考段階の子供は長い列のおはじきが多いと答えてしまう（図1）。つまり、外見の見え方に左右されてしまうのである。

彼が実施した直感的思考のあり方を示す実験にはこんなものもあった。同じ形、同じ大きさのガラス容器に同じ数のビーズを入れる。子供は両方の数が同じことを認める。次に一方のビーズを細長い容器に移す。すると直感的思考段階の子供は、細長い容器のほうが多いと答えてしまう。これは、細長い容器のほうがビーズの見た目が高くなるからである（図2）という。

こうした外見に惑わされず、どちらも数は同じだと認識するのが7～8歳になる頃で、彼の学説ではこの段階を「具体的操作期」と呼ぶのだそうだ。

しかし、私はにわかには納得できなかった。「具体的操作期」にある子供と、それ以前の時期にある子供では、どこがどのように違うのだろう。素朴な疑問を抱いた私は、5歳の娘と3歳の娘に実験台になってもらい、ピアジェ理論の追試を試みた。

二人はピアジェの学説の区分によれば、ちょうど「前概念的思考段階」と「直感的思考段階」にあたるが、ピアジェの学説が発表されたのは一九四〇年代である。今時の子供は発達が1～2年前倒しだろうと、二人のいる時期をそれぞれ「直感的思考段階」と「具体的操作期」にある、と想定して実験してみた。

ビーズの代わりに彼女たちの好物であるミルクを用い、同じ量を底面積の広いグラスと細くて背丈の高いグラスに注ぎわけてみたのだ。そして二人に「どちらが多いか」と尋ねてみた。すると5歳の娘はミルクの量は左も右も「どちらも同じ」と答えたが、下の娘はためらうことなく背丈の高い右のグラスのほうが多い、と言った（図3）。

次にこんな質問をしてみた。「お庭に犬が5匹います。あとから7匹の犬がやってきました。犬は全部で何匹いますか」

上の子は指折り数えて「12匹」と正解したのだが、3歳の娘は「なぜそんなにたくさん犬が来たの」とか「最初の犬とあとの犬はきっと仲が悪いから一緒にはならないよ」などと言い、質問の意味から話題がどんどんそれていってしまう。

ピアジェ理論の解説書を読むと、これは当然の反応で、小学1年生の子供でもこのような反応を示す場合があるという。

最後に実際の小学校入試問題を読み上げてみた。

象のかばんはラクダのかばんより軽い。クマのかばんはラクダのかばんより重い。それでは一番軽いかばんはだれのかばんですか。

（慶應義塾幼稚舎）

あとで詳しく検討するが、これは三者関係といわれる比較の問題である。比較の対象になっているのは「かばんの重さ」なのだが、ピアジェ論で行くと、具体的操作期にある幼児にとっては象、ラクダ、クマという動物の印象が強く、象は大きい、重いというイメージから、象のかばんが一番軽いとはどうしても思えないのだという。実際、この問題は、上の娘も見事に間違えてしまった。それは、あくまで見て知っている具体物、つまり3種の動物のイメージから物事を判断してしまうからである。言い換えれば、純粋に論理的な関係だけを頼りに推論はできないのである。

純粋な推論が可能となるのは、「形式的操作期」以降で、せいぜい「具体的操作期」にいると思われる上の娘がクマと答えたのは無理のないことであった。

子供の能力の発達時期という観点から、現行の小学校入試問題を見ると、子供の能力が「具体的操作期」の段階に達しているか否かを探ろうとしているように映る。つまり、現在の日本の小学校入試は、ピアジェの能力発達段階の区分でいえば1~2年、場合によってはさらに前倒ししたレベルを求めているといえそうだ。先に述べた、私の娘が間違えた慶應義塾幼稚舎の問題などは、実は現実の具体物ではなく、純粋に論理的関係だけを頼りに推論が可能となる「形式的操作期」(11歳以降)のレベルを問うており、5年ほどの前倒しということになりそうだ。

論理的思考力と社会性

小学校受験の観点からピアジェの理論をもう少し解説しておこう。「具体的操作期」の段階に達する以前の子供の思考は自己中心的であることを、ピアジェは臨床法を用いた研究で解明した。ここでいう自己中心的とは利己主義という意味ではなく、自分と世界が未分化な状態の思考ということである。彼は「子供は世界をアニミズム的に見る」といっているが、簡単にいえば子供にとって世界は自分を中心に回っている、ということになろう。つまり、認識が社会化されていない状態にあるということだ。

子供が世界には自分以外の他人がいることを認識し、他人の立場に立つことができるようになったときが、真の知能の始まりであるとピアジェはいっている。

さらに、ここで重要なのは、こうした子供の能力の発達は自然にひとりでにもたらされるものではない、ということである。子供自身の活動、特に集団活動を通して、論理的思考は養成され、身に付いていく。お互いの立場と集団の規則を意識するには論理に訴えざるを得ないから、というのがその理由である。子供の論理的思考は言葉によって教えられるものではなく、子供自身の主体的な活動が大切なのである。

人が物事を認識し理解する精神構造は、先天的に備わっているものではなく、段階的に発達していくのだというのがピアジェの考えである。

最近の小学校入試ではペーパーテストの比重が減り、行動観察テスト、中でも集団での行動観察が重視されるようになってきていることは、多くの幼児教育専門家が指摘するところだ。子供は他者（集団）との主体的な活動を通して社会化されていく過程で、知能、能力を発達させていくというピアジェ理論と見事に符合していると言えよう。

七つの能力因子

これまで検討した心理学の知見から、人の能力は因子という枠組みでいくつかに類型化できること、又、ある能力が人に芽生えるには、それに見合った段階、時期のあること、人が世界を認識する精神構造は決して生得的なものではなく集団活動を通して段階を追って発達していくことなどを概観した。

何故、このような検討を試みたかと言うと、それは、本章で対象としている小学校入試が、今述べた心理学上の知見と深い関わりを持っていると考えたからである。

では、実際の小学校入試を考えた場合、個別具体的にどのような能力因子が問われているのだろうか。

そこで、先に紹介した「国・私立有名小学校入試問題出題傾向」という資料を基調に中学入試、東大入試、更に企業採用試験や国家公務員I種試験、ロースクール適性試験、医学部入試といった試験問題との照合から、重要と想定する能力因子を次のようなカテゴリーに絞り、類型化してみた。すなわち、

★　推理能力
★　比較能力
★　集合能力
★　抽象能力
★　整理・要約能力
★　直感的着眼能力
★　因子順列能力

以上、七つの能力因子である。この分類は、あくまで私の考えである。

これらの能力因子は先に紹介した「能力の系統樹」モデルでいえば根に当たる部分である。それぞれ個別に、あるいは複合しながら成長し、幹を経て枝や葉を派生させていくと考えていただければ良い。

さて、それでは「能力の成長」の始原、出発点にある根源部分の能力因子は、実際の小学校受験で果たしてどのように問われているのであろうか。

そこで、私は、首都圏の主要な小学校に焦点を絞り、一体どういう能力が問われているのかを検討するため、約20年分の入試問題全てに目を通してみた。そして、全体像を鳥瞰する過程で、〝七大能力因子〟という考え方に、ある程度の手ごたえを感じるに至ったのである。

一体、これらの能力因子は、実際のペーパーテストでは、どのような形態で測られているのか。以下に、実際の入試問題を検討・分析しながら概観していくことにしよう。

推理能力――物事の関係性の発見

推理能力とは、与えられた条件から未知のものを導き出す能力と言えよう。小学校入試では図形完成、系列、関係把握などといったジャンルの問題として推理能力は測られている。

推理能力の基本は物事の関係性を発見することにある。一つ一つのものがバラバラの状態であるのか、あるいは何らかの関係を持って存在しているのかを判断する能力ともいえる。さらにその関係に法則性や規則性が発見できれば、いまだ明らかにされていないことを予測することが可能となる。これが推理能力の基本である。

推理の因子の機能をこのように捉え、実際の入試では、この重要な能力因子のありようが試されている。例えば問題1は、ある法則に基づいて物がどう変化するかの推理能力因子の基礎を試すものである。

これは「魔法の箱」と呼ばれる問題で多くの小学校入試で採用されている。魔法の箱のポイントは、箱を通過することで、ある物が別な物に変化することである。

この光塩女子学院の問題のように、変化する条件が与えられていてその条件をもとに変化後の形を推理するといった出題形式が一般的で、これは、まさにギルフォードのいう「集中的思考能力」を試す問題なのである。

冒頭でお話ししたギルフォードの説をもう一度おさらいしておこう。彼は知能は記憶と思考に大別でき、さらに思考には「集中的思考能力」と「拡散的思考能力」が重要な役割

問題 1

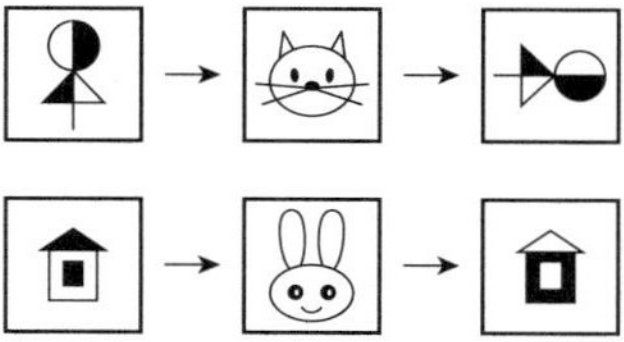

このお約束で絵の左にあるものがどのように変わるか右側に絵を描いてください。

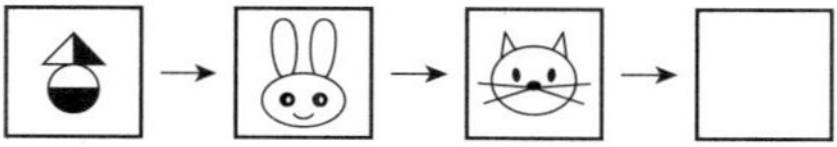

（光塩女子学院初等科　2000）

を果たすとした。

そして、「集中的思考能力」とは正しい答えが一通りに決まっているような課題を解くときの思考の方法で、すでに知っていることがらを手掛かりに論理的に一つの解答を得る思考方法といっている。

一方、拡散的思考能力は答えが一つと決まらないような課題を解くときの思考方法で、わずかなことがらを手掛かりにさまざまに異なる解答を生み出す思考過程である。つまり、創造性の中核となるのがこの思考能力である。

光塩女子学院の「魔法の箱」問題はギルフォード理論に基づいた集中的思考能力のテストと位置づけられる。つまり、ここでは与えられた条件の意味を把握し、そこから論理的に考えを発展できるかという意味での推理能力が問われている。

「魔法の箱」と言えば、こんな出題もある。

問題2 (まず「魔法の箱」、この場合は移動式の更衣室を使ったショーを見る。大きな芋虫のカードがカーテンの中に入っていくと、蝶のカードが出てくる。また普通の男の先生が入ると、アフロヘアにサングラスといった奇抜な格好の人が出てくる。受験生には右向きの矢印が二つ書いてある画用紙が渡されている)

「魔法の箱にジャガイモを入れたとき、どうなるか。二回変わる絵を描いてください」
「自分が入ったらどうなるか、二回変わる絵を描いてください」（慶應義塾幼稚舎　2003）

メインの能力因子は推理能力の問題なのだが、総合力の問題としてもたいへん興味深い。こちらはギルフォードの説で言えば拡散的思考能力を問うているもので、正解といえる決まった答えはない。箱を通る変化の過程においては同一性が保持されているという法則を推測するだけではなく、どのような変化かというところで発想の豊かさ、創造的な思考力が問われているからだ。しかも、魔法の箱を二回通るという条件が、問題をより複雑にしている。これはペーパーでの学習では学び切れない分野で、ピアジェが主張しているように子ども自身の主体的な活動を通して論理能力を構築する体験をさせることが重要なのではあるまいか。

慶應義塾の「魔法の箱」では、芋虫が蝶になることから、幼虫↓（変態）↓成虫という筋道が見える。言葉は知らなくても芋虫は大きくなればチョウチョウになると知っていれば、その変化の筋道はつかめるだろう。

その変化の筋道に従って、ジャガイモ↓（ゆでる・揚げる）↓コロッケ↓（カレーに入れる）↓コロッケカレーといった解答も成立する。あるいはジャガイモの畑を見たことのある受験生であれば、一回目で芽や根が出たジャガイモ、二回目で花を咲かせたり地下にたくさんのジャガイモを増やしたりしている様子を描くこともできるかもしれない。

自分が箱に入った場合（これは女子への問題）、自分→小学生→お嫁さんとかお母さんといった答えは、間違いではないだろうが、これでは発想が平凡すぎて高い評価は得られまい。普通の人が変な人に変わるというのは、発想の飛躍やユニークさが求められていると考えられるからである。自由に柔軟に、物事を多面的に捉える総合力が問われているといえるだろう。その意味からは、二回目の変化では、金メダリストのアスリート、あるいは変身もののアニメに出てきそうなヒロインを模した姿などを描けば、絵柄としてもわかりやすく、採点官の目にとまるかもしれない。

同じ推理能力を問うタイプには問題3のようなものもある。これは配置の法則性を発見し、次に来るものを推測する問題である。

並べられている色の順番の規則性を発見して次の順番を推理する。論理学の演繹《えんえき》（一般的原理から特殊な原理や事実を導く）につながる考え方の基礎的能力が測られている。「魔法の箱」が変化に着目しているのに対し、この問題では図形（文字・記号）系列の中での規則性の発見が重要になる。問題のポイントは、左から五つ目のマスに上段下段ともに一つ目のマスと同じ色が現れている点に着眼できるかどうかだ。

つまり、上段は（赤白青青）がひとまとまり、下段は（黄赤青白）がひとまとまりと考えられるかどうかである。このかたまりが一つの「群」として繰り返されていくという規則性に気づけば、後続の空欄は埋まるのである。

一見無秩序に見えるものの中に一定の法則を見つけて、次にどのようなことが起こるかを推理、予測する能力は物事を論理的に考える上で大切な基本である。

比較能力――相対性の認識

第2の能力因子、比較能力とは、物事を相対化して関係性の中で捉える能力と言い換えてもよい。ピアジェによればこうした能力は前操作的思考期の直感的思考の段階から具体

問題3

（上下2段のマス目があり、色のついた磁石が置いてある）磁石で、続きの順番を考えて、磁石を置いてください。（先生と受験生が1対1の個別テスト）

（例）

赤	白	青	青	赤							
黄	赤	青	白	黄							

（田園調布雙葉小学校　2002）

的操作期へ移行する6～7歳くらいの時期に備わってくる。推理因子同様、物事は関係の中で成り立っているという思考方法はたいへん重要である。後に詳しく述べるが、法律に携わる者には比較衡量《こうりょう》（利益衡量）という能力が不可欠である。利益の対立するAとBの主張を聞き、法律という規則に基づきバランスの良い判断を下す能力だが、その基礎を担うのが比較、相対化の能力なのである。

では、その原型となる始原の比較能力の問題を見てみよう。

問題4　「これから先生が話すことをよく聞いて、質問に答えてください。ラクダの家よりブタの家のほうが駅に近い。馬の家はブタの家よりも駅に近い。さて、それでは駅から一番近いのは誰ですか」

（慶應義塾幼稚舎　1986）

問題4の慶應義塾の問題は三者関係といわれる比較の問題である。AとB、BとCの関係からAとCの関係を推論する、専門的には推移律と言われるもので、ピアジェのいう具体的操作の段階に達した子供はこのような推論が可能である。

しかし、前段階の直感的思考の段階にある子供にはかなり難しい問題となる。それは彼らの判断は知覚に左右されやすいからである。

例えば、未熟な子供にこの問いを投げかけると、「ラクダの家よりブタの家のほうが駅に近い」という第1文からラクダの家もブタの家も駅に近いのだから、〃ラクダの家もブタの家も駅に近い〃などと答えることがある。

一方、具体的操作期に達している子供は、実際に物を動かしたり、指で数えたり、更に上位とも言える数の概念が頭の中に構築されているため、これらの関係から、駅→馬の家→ブタの家→ラクダの家という序列を解き明かすことができるのである。

問題5　（立方体の積木が図のように積まれたものが3種類ある）。これを見て質問に答え

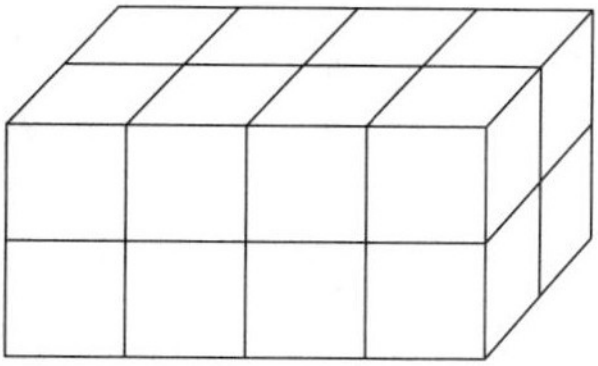

a)

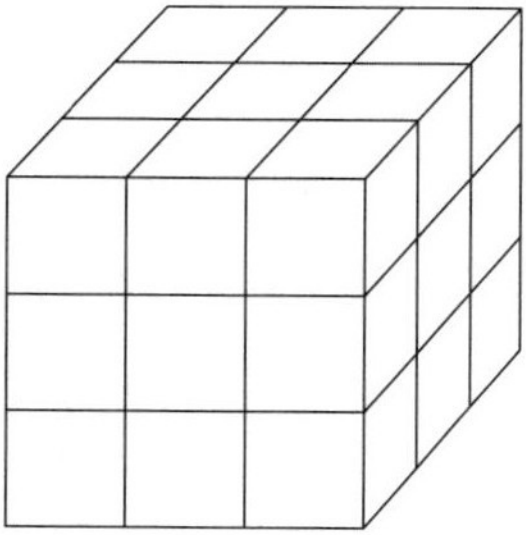

b)

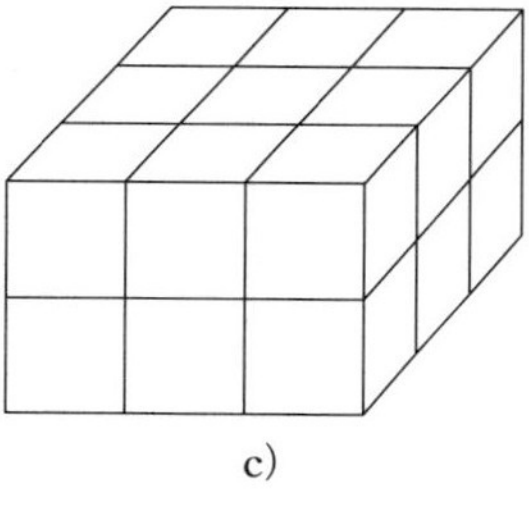

c)

てください。（個別テスト）

① 1番目に大きいものはどれですか、指でさして下さい。

② 2番目に大きいものはどれですか、指でさして下さい。（田園調布雙葉小学校　1999）

問題6　「二つのコップの一方には半分よりも少し多く、もう一方には半分より少し少なく水を入れて下さい」。（入れ終わってから）「どちらの水が多いか答えて下さい。そして、そのように答えたのはどうしてなのか理由を説明して下さい」（個別テスト）

（田園調布雙葉小学校　1999）

問題5の立方体の積木の数も、右に説明したように、成長段階が具体的操作期にある子供は、積木の数をb→c→aの順に序列化しうることが分かる。問題6も、基本は三者比較と考えられる。同じ形のコップに水を注ぎ、半分の線よりも上に水が入っているものと、半分以下のものとを、中心線を基準として視覚的に捉えることができる。直線的に序列化しうるレベルであれば、比較が可能なのである。

ところが、そのような具体的操作期にある子供にとっても、次の問題はもう少し手強い出題となる。

問題7　「先生のお話を聞いて、後の質問に絵を見ながら答えてください。

イヌ、ウサギ、キツネ、クマが2匹ずつに分かれてジャンケンをしました。

イヌとウサギでは、ウサギが勝ち、キツネとクマでは、クマが負けました。

そして、ウサギとキツネがやったら、キツネが負け、クマとイヌでは、クマが負けました。

この4匹の中で一番強かった動物に○、二番目に弱かった動物に△をつけてください」

（光塩女子学院初等科　2001）

この問題が何故手強いかと言えば、それはこれが四者関係の比較問題であるからだ。三者関係ではA＜B＜Cという直線的な比較をすればよかったが、ここではやや複雑な比較能力が必要とされるからである。つまり、

ウサギ、キツネ・・・・勝ち組

イヌ、クマ・・・・・負け組

次に

ウサギ、イヌ・・・・・勝ち組

キツネ、クマ・・・・・負け組

したがって、一番強かったのはウサギ、一番弱かったのはクマ、キツネとイヌは一勝一敗で同位という関係となってしまうからである。求められているのは二番目に弱かった動物に△印をつけることであるから、その動物が一匹だけだと思い込むとつまずく原因となってしまう。

比較能力は関係性の中で物事を捉える能力だといった。すなわち、比較することは物事を相対化し、関係付けをすることなのである。ところが、未熟な子供は物事を絶対化して捉える傾向が強いのである。そのレベルにある子供は、多い、少ない、重い、軽い、長い、短いという単純な二者の比較から、三者関係、四者関係とより複雑な関係性を理解することが難儀なのである。

集合能力——全体と部分の把握

集合能力因子は、事物の同質性・異質性をもとに「全体」と「部分」という認識のしかたを可能とする能力と言える。一つの図形の中に含まれる様々な図形の発見をしたり、生活用品などの事物が羅列されているのを使途によって分類し、その仕分けの理由、すなわち、その物が当該集合に帰属する理由を述べさせるといった出題が主流である。それは、具体的にどのような出題だろうか。最も標準的な集合の問題を見てみよう。

問題8　次のものの中で仲間はずれを答えなさい。
おじいさん、おばあさん、おじさん、お父さん
包丁、まな板、フライパン、バスタオル
オレンジジュース、リンゴジュース、トマトジュース、パインジュース
（田園調布雙葉小学校　1993・1997）

問題9　次のものの中から三つ、四つ、五つで仲間になるものを集めなさい。
花火、扇風機、ヘリコプター、飛行機、ろうそく、懐中電灯、ティッシュ、マッチ、かざぐるま、クレヨン、ヨット、風車、紙風船、自転車
（青山学院初等部　1994）

問題10　四つのものの中で仲間はずれを一つさがしなさい。
アイスクリーム、ランドセル、ノート、エンピツ
たい、くじら、ひらめ、さんま
救急車、消防車、パトカー、乗用車

キュウリ、カキ、トマト、ナス

（東洋英和女学院小学部　１９９９）

これらの問題は、実際の入試では、先生が品物の名前を読み上げたり（問題8）、絵を描いたカードを見せる形式（問題9、10）で出題される。

青山学院の問題9は物の属性の共通項を自分で見つけ出し、しかも三つ、四つ、五つで一つのグループになるものを探すという二段階の操作が必要となる。また、共通項の立て方によって答えは必ずしも一つになるとは限らない。

例えば、乗り物という共通点で分類すればヘリコプター、飛行機、ヨット、自転車の四つで仲間になるだろうし、羽が回転することを共通点とすれば扇風機、ヘリコプター、かざぐるま、風車の四つが仲間となる（飛行機を加えて五つの仲間にしてもよいが、最近の子供にはプロペラ機はあまり馴染みがないだろう）。この問題では共通する要素を全体の中でどう見つけ出し、位置づけるかという、全体と部分の関係把握が可能かどうかを出題者が見ていると思われる。

一方、東洋英和女学院の問題10は物に対する知識の正確さが問われているといえそうだ。最初のアイスクリームのグループは他の三つが文房具に分類されるのが正解だが、食べられるものとそうでないものといった仕分けも可能である。二問目の海に住む仲間は、くじらが哺乳類という知識がないとやや難しいかもしれない。三問目の車の仲間は緊急車両と一般車両という分類となる。しかし、そうした言葉は知らなくてもそれらの車が事故や火事のときに出動するという役割を知っていれば、普通の乗用車との違いは理解できるだろう。あるいはサイレンを鳴らす車といった考え方も可能だろう。最後は野菜と果物の仕分けである。トマトを野菜に分類できれば仲間はずれはカキとなる。

物事を分類するとは、どのような共通項を発見するかである。同じ事柄でも視点を変えることで様々に分類することができる。これは物事を相対化して見るということであり、そのものの本質を知る上でたいへん重要な思考方法といえる。

生活用品などを用途によって分類するといった問題は、青山学院、暁星、白百合、成蹊、成城、聖心、田園調布雙葉、桐朋などで、好まれて出題されている。

抽象能力——高度な問題解決能力

抽象能力は、比較的高度な能力因子である。小学校入試の問題では、具体物を「量」、「重さ」、「長さ」、などの基準に特化して考えることが可能かどうか、という形で測られている。先に動物のかばんの重さを三者比較する問題を扱ったが、複数の具体物を特定の基準に照らして序列を判断するという働きは、比較能力の前提に抽象能力が想定されている

問題11　(右にイチゴ２個、左にリンゴ１個が乗ってつり合っているシーソーの絵を見せる)

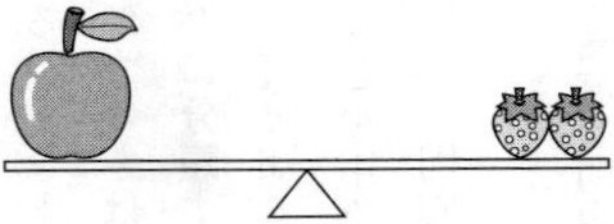

「それでは、左にリンゴをいくつ乗せればこのシーソーはつり合いますか。のせるリンゴの数を言ってください」

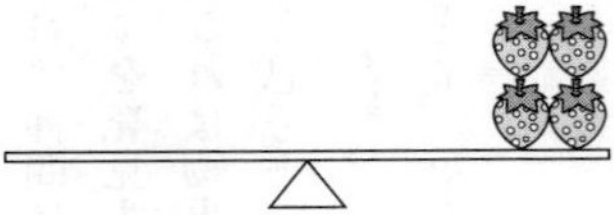

「右にリンゴをいくつ乗せればこのシーソーはつり合いますか。のせるリンゴの数を言ってください」

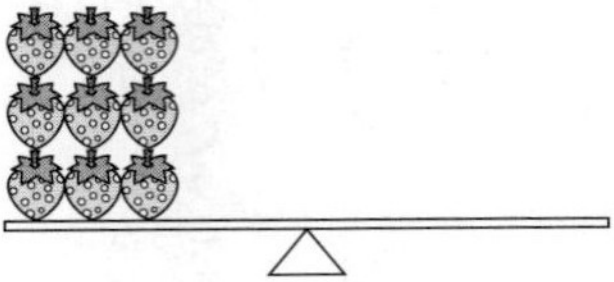

(田園調布雙葉小学校　2002)

といえる。これは、ある物事を特定の基準で一元化して見る能力と言える。

見かけや配置に惑わされずにビーズの数は変わらないと認識できるようになるのは、7〜8歳に達したときである。つまりこの段階になって初めて、ものには体積や質量など、見た目以外の性質が存在すること、見た目が変化してもその性質は保持されうることを理解する。この因子は将来、ビーズといった具体物から離れて、事象を数とか式という記号と同値のものとして把握する能力に発展してゆく。

右はシーソーと呼ばれる問題形式で多くの小学校で出題されている典型的なものである。リンゴ1個とイチゴ2個がつり合っているところから1対多対応(この場合は1対2対応)といわれる類型で、具体物を一般化・抽象化する能力が問われている。

数学を学んだ者ならばこの図を見て、2x=yといった数式を思い浮かべ即座に答えを出すだろうが、ここで問われているより重要なことは、2個のイチゴと1個のリンゴが同値であるという考え方ができるかということである。

子供は物事を絶対化して見る傾向が強いことは「比較能力」の解説でも触れたとおりである。子供にとってイチゴはあくまでイチゴであり、リンゴはあくまでリンゴと考えるのが当然のことだ。重さという点ではイチゴ2個とリンゴ1個は同一で、置き換えることができると考えるのは相当にむずかしい作業なのである。

抽象能力を身に付けることで純粋な論理的思考が可能となり高次な問題解決能力が育っていく。高度な知的作業に従事する者には抽象能力の発達は不可欠なのである。

整理・要約能力——言語を媒介とする論理性

今まで分析を試みてきた推理能力、比較能力、集合能力、抽象能力は、言ってみれば、数的な範疇《はんちゅう》の能力であった。これに対し、第5番目の能力因子は言語的な能力である。例えば、文章を読むなり、話を聞くなりしてその内容を理解する作業は日常もっとも頻繁に行っている。人が生きているとは、物事を理解し、判断し、行動することでもある。そして理解の根本にあるのが言語を媒介とするこの整理・要約能力なのだ。

また、他者とコミュニケーションをとる場合、私たちは物事を要約して伝える。この能力が十分に発達していないと、ダラダラとムダな言葉をつなげた要領を得ない話となってしまう。その意味から要約能力は物事を論理的に処理する能力ともいえよう。医師の場合でいえば患者の言葉や状態から症状のポイントを摑み、適切な診断を下す。弁護士なら相手の論証の矛盾や弱点を素早く把握して弁論を行う。これらはすべて高度な要約能力によって可能となるのである。

整理・要約は主として言語的能力であるが、子供のそれはよりビジュアル的であるという特徴がある。

問題12　「お話を聞いて、合う絵に○をつけてください。

　クマの八百屋さんがいます。リス、ウサギ、サルはいつも買いに来ます。ある日、サルがかぜをひいて寝こみました。リスとウサギが八百屋さんでニンジンとクリを買ってお見舞いに行きました。ところが、お見舞いの品をサルは食べません。リスとウサギはサルの家からの帰り道、木の下で、どうして食べないのか、よほど具合が悪いのか、と心配しています。そのとき、木からカラスが下りてきて、「それはちがうよ、サルはカキが好きだからだよ」と言いました。そしてカラスはかごにカキを入れて、リスとウサギに渡して

くれました。二匹はそれを持ってもう一度サルのお見舞いに行きました」

(慶應義塾幼稚舎　1990　一部改変)

話の内容を記憶し、整理、要約して理解する問題である。

この問題は小学校受験レベルでは相当な難問である。試験官が読み上げるお話を受験生が聞き、その後で、数枚の絵の中から合っているものを選ばせる。

一度だけこの話を聞いて登場する動物たちの関係やシチュエーションを理解するには、極めて高度な集中力と記憶力も前提として要求される。

整理・要約能力とは何が(話のどこが)大切なポイントなのかを理解する能力である。こ

の問題でいえばまず、話の内容を「クマの八百屋」「サルの家」「木の下での相談」の三つの場面に分けて整理できることがポイントになる。三場面に整理すると、それぞれの場面での様子を要約して把握することが容易になるのである。

絵のそれぞれがお話に合っているかどうかを考えるときにも、絵の出来事が起こるとしたら三つのうちのどの場所かを考え、その場面の要約と照合して判断する。

それでは、読みあげられた話にそって、念のため登場動物とシチュエーションの整理をしておこう。

●登場する動物はクマ、リス、ウサギ、サル、カラス。リス、ウサギ、サルは顔なじみの間柄。

※イラストは資料から再現したもので、実際の入試で使用されたものとは異なります。　イラスト／秋田カズシゲ

●クマは八百屋で、リスとウサギにニンジンとクリを売る。そのあとは出てこない。（場面はクマの八百屋）
●サルがかぜをひき、リスとウサギがニンジン、クリをもってお見舞いに行く。（サルの家）
●サルはせっかくのお見舞いの品を食べない。（サルの家）
●リスとウサギは木の下で、サルがなぜ食べなかったのか相談する。（木の下）
●木の上にいたカラスが下りてきて、サルはカキが好きだからだと教える。（木の下）
●カラスはカキをかごに入れてリスとウサギに渡す。（木の下）
●リスとウサギはもう一度サルのお見舞いに行く。（サルの家）

このように整理すると、与えられた絵の中の「クマからサルがカキをもらっている」「サルとウサギが木の下で相談している」「クマが荷物を運んでいる」「ウサギの八百屋」「カラスがミカンを運んでいる」という場面は話の中に存在しないことが明らかになる。

整理・要約問題は、小学校受験の出題の主流である。問題12のように、複雑な話の内容を理解するものの他、感想を述べたり、話を聞いて絵を描くというような形式で、慶應幼稚舎、青山学院、学習院、成蹊、聖心、田園調布雙葉、東洋英和、雙葉、立教、早実などでも出題されている。

直感的着眼能力

六番目の因子に直感的着眼能力を挙げるのは、これまでの論理的思考能力と矛盾するのではないかと思われるかもしれないが、この因子は推理能力、なかんずくギルフォードのいう拡散的思考能力のバリエーションと考えていただきたい。つまり創造性を働かせて中心、核となる問題のポイントを抽出、着眼する能力である。

直感的に着眼すると言っても、なにも先天的な特別なセンスが重要ということではない。

表面的に隠されているポイントに着眼するとか、一見無関係なものの間の関連性を読みとるというような難題ではないのである。

直感的着眼能力を試すものとして、図形や暗号の読み解きなどが出題されている。これらは一見、論理を越えた能力のように映るかもしれないが、そうではない。腰を落ち着けて対象をじっくり観察することが何よりも重要なのだ。

直感的着眼能力は幾何の証明問題にたとえるのがよいだろう。1本の補助線を引くことで問題の本質が明らかになり、解決への筋道が見えてくることが多い。この補助線こそが

問題 13　黒い部分と白い部分の広さを比べて、同じ広さのものに○をつけなさい。

イ）　　　　　　　　ロ）

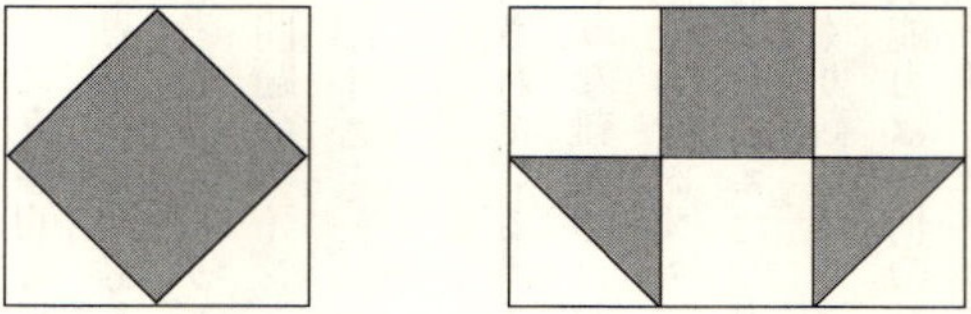

（光塩女子学院初等科　2001　類題）

着眼能力なのである。そして適切な補助線を引くことは学習によって能力を高めることができるのだ。

問題13はまさに補助線を引く着眼力が問われている。

イの図形は黒い部分が四角形、白い部分が三角形である。このままでは広さを比べられない。

図形の問題は「同じ形」を発見できるかどうかがポイントになることが多い。黒い四角と同じ形は、イの中にはない。それならば白い三角形と同じ部分を探してみる。そこで黒い四角形を分割すればよいと着眼できれば、問題は解けたも同然である。黒い四角形に二本の対角線を引いて四つの三角形に分割する。こうしてできた四つの黒い三角形は

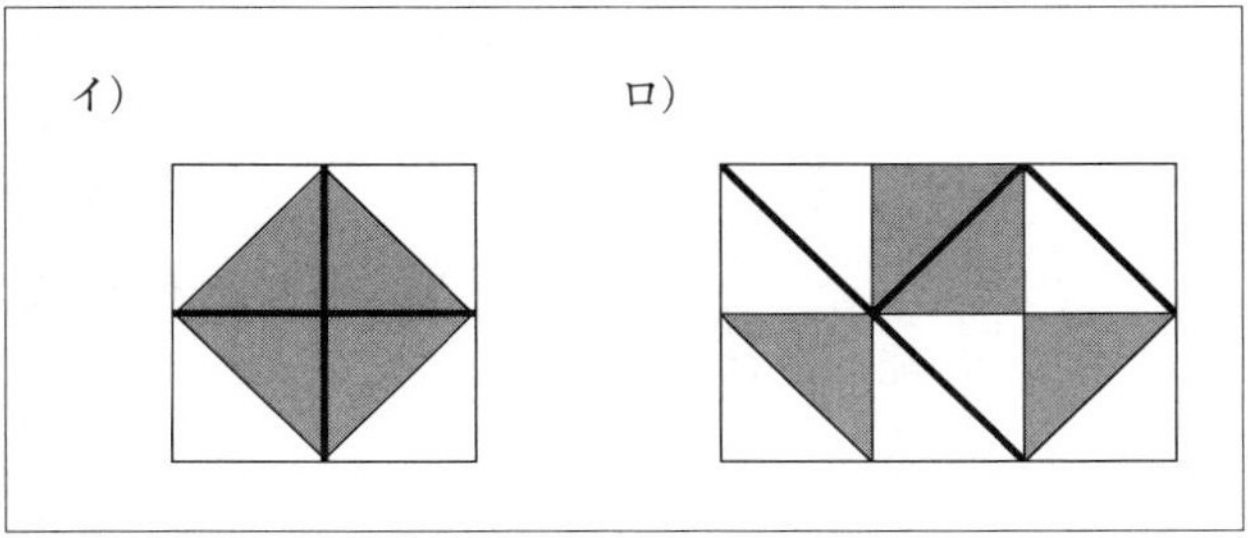

それぞれ白い三角形と同面積だから、黒が三角形四個、同様に白が三角形四個で、黒と白の広さは同じことになる。
ロの図形も、いろいろな考え方が可能であるが、イからの流れで「白い三角形」を単位として面積を考えてみよう。
ロの図形も同様に四角形部分に対角線を引いて三角形に分割する。その結果できた三角形の数は白が八個、黒が四個で白い部分は黒の倍の広さになる。

直感的着眼能力はセンスなのか

この種の問題は一見センスのような能力を必要とするように考えられがちであることに、先に触れた。実際、視覚的イメージを認識する能力が生得的に人並みはずれて備わっている幼児も、確かにまれには存在するという（この生得的な優れた能力については、後ほどコラムで考察したい）。
しかし、その優れた才能を持ったまれな子にしか、直感的着眼能力は存在しないのかというと、そんなことはないのである。

もう一度問題の図を「よく見て」いただきたい。イの黒い四角形の中を四等分して、そこに白い三角形と同じものを見いだすことは、不可能ということはないのではなかろうか。特別に優れた能力に恵まれた幼児よりも時間を要するかもしれないが、じっくりと観察することによって、白い三角形の面積を単位と考えて、もっと大きな面積がその三角形何個分かを認識するという能力は、もっと普遍的に存在する。

ふだん、積木や折り紙に接しているときとか、あるいは風呂場にあるタイルを見て、重ね合わせたり分割したりするとどのような図形が潜んでいるかといった、日常の経験の積み重ねで伸ばすことが可能な能力が、この種の問題では問われているものと思われる。

直感的着眼能力は、伸ばすことが可能である。すなわち、第一にじっくりと観察をすることは、才能というよりは習慣によって可能である。第二に観察と認識・理解を結びつける時間は短縮が可能である。

さらに、直感的着眼能力以外の諸能力因子を伸ばすのも、幼児期の子供にとっては日常の経験の積み重ねの影響が最も大きい。日常の経験、すなわち幼児にとってはなかんずく家族との経験の「共有」が能力因子を伸ばす最大の要因となる。

「共有」の重要性についても後に改めて述べたい。

問題 14　まり、いるか、こま、ことりはそれぞれ次の記号で表されます。

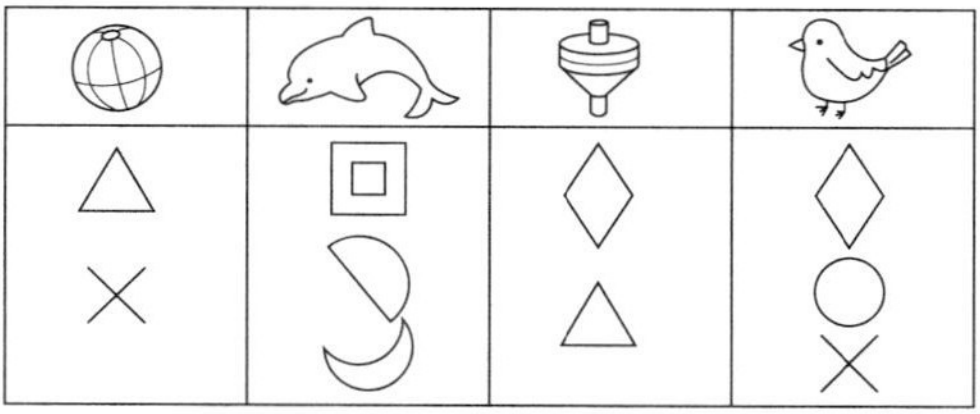

これは、何と読みますか。

○△○

(学習院初等科　1995)

直感的着眼能力と言えば、問題14のような一種の暗号問題もその類型の一つである。暗号では解読のルール、法則は隠されている。解読のルールを発見するには、同一性を発見する着眼力がポイントとなる。

この問題で言えば、「まり」(2文字)、「いるか」(3文字)、「こま」(2文字)、「ことり」(3文字)と、それぞれを表す図形の数が一致していることに気づくことがポイントである。すなわち、音の数と記号の数が同じであることへの着眼である。さらに「まり」の△と「こま」の△、同じく「まり」の×と「ことり」の×のように同じ記号が使われていることに注目する。つまり、同じ音のとき同じ記号が使われていることから、一字と記号一つが一対一対応をしていることになる。

ひらがなと記号というまったく別のものに対応関係を発見することができるのだ。この法則を応用すれば△＝「ま」、◯＝「と」という対応関係がわかる。つまり、◯△◯＝「とまと」となるわけである。

しかし、この問題は小学校入試としてはかなり難問である。まず、ことばの音数と記号の数が一致していることに着眼すること自体がかなり高度な能力である。さらにひらがなと記号というまったく性質の違うもの同士の対応関係を認識するのにも高いレベルの抽象能力が要求される。加えて文字と記号の対応の法則を応用して両者の関係性を確定するには推理能力が求められる。つまり、この問題の解決には直感的着眼能力を手掛かりに既出の様々な能力を駆使することが必要なのだ。このようにいくつかの能力因子を複合的に働かせる能力が七つ目の重要因子となる。

因子順列能力

これまでは一つの問題を解決するのに、あえて一つの能力を対応させて解説してきた。しかし、当然のことながら実際の問題処理はそれほど単純な作業ではない。例えば「比較能力の問題」で取り上げたラクダ、ブタ、馬の家の所在地を比較する問題4を思い出していただきたい。これはAとB、BとCの関係からAとCの関係を知るというものであった。

AとB、BとCの関係は単純な比較である。ところが、AとCの関係を考える場合、AとB、BとCという二つの関係を仲立ちするBという存在は同一のものであるという理解が必要となる。その上で、AとCの関係を推理する作業となるのである。

つまり、比較、推理を複合し最終的に三者の関係を比較していたのである。このように問題解決に当たってどの能力をどのような順番で使用するかという複合能力を因子順列能力と名付けてみた。

もう一つの例を挙げると、抽象能力のシーソーの問題（問題11）にも因子順列能力が働いている。イチゴ二個とリンゴ一個がつり合っているシーソーで、片方にイチゴ四個をのせた場合リンゴをいくつのせればつり合うかという問題である。これは、リンゴ一個とイチゴ二個が、重さという観点では同値であるという抽象化を行った上で、両者がつり合うという比較をしているのである。つまり、問題解決のポイントがいくつかあるとき、どのような順序で各能力因子を働かせればよいかという優先順位をつける能力である。

ただ、そうはいっても小学校入試段階では、能力因子の複合は極めて単純なレベルにある。それは、これまで述べてきた六つの能力因子が、まだ未成熟な段階にあるためである。これは次章で詳しく述べることであるが、小学生の間にこれらの能力因子、すなわち論理的思考力は飛躍的な発達の時期を迎え、具体的な事象に捉われない論理思考が可能になる。それを支えるのが各能力因子を複合的に統括する因子順列能力なのである。

総合能力

小学校の入試で問われている能力を、七つの能力因子を手がかりに考えてきた。これらは主として論理的思考力に関わるものである。

ところで、小学校入試と中学以降の試験では、試験の方法に決定的な差が一つある。中学以降は主としてペーパーテストなのに対し、「お受験」の場合、口頭で答えを述べたり、絵を描いたり、作業をしたりすることを求められる場合が多い。その場合、問題に対する解答の内容のほかに、どのように答えるかが見られているのである。

「どのように」のポイントは様々である。話を正確に聞けるか、最後までやり通せるか、……といった点が見られるのであるが、最近の主流は、コミュニケーション能力になりつつある。試験官に対してや受験生同士のやりとりの仕方が、評価の対象になっているのである。

論理的思考力にコミュニケーション能力等を加味したこの能力が試されることは、小学校受験においては一般的なものである。

コミュニケーション能力とは、他人とどう関わり、集団の中でどううまくやっていけるかという能力である。人は社会的存在であり、多かれ少なかれ何らかの集団に属して行動している。この能力に優れている人は、将来職業段階に進んでも、社会の中で自分の能力をうまく活かしてゆくことができると推測できる。

最近の小学校入試では集団行動観察という手法を取り入れている学校が増えている。何人かの子供をグループにして、共同作業をさせる。作業を通して集団の中での協調性やリーダーシップ、コミュニケーション能力を評価しているのである。ちなみにこのような手法の試験は中学入試以降は行われていない。その理由を推測すると、論理的思考力ほど客観的に測れないからであろう。

しかし、論理的思考力とコミュニケーション能力を備えた総合能力は、社会人として、なかんずくリーダー的立場に立つ上では、たいへん重要な能力である。

集団行動観察はふつう、ひもを結んだり、見本と同じものを作らせたりといった作業が多いのだが、次のようなひねった問題もある。

問題15　部屋の真中に線が貼り付けてあり、そこに子供が一列に整列する。線の向こう側には床に11種類のパズルが作られている。子供の後方に「魔法の箱」（移動更衣室）があり、そこから突然魔女が飛び出して来て、子供たちの列に「どけどけ」と割り込み通り抜け、その際、線の向こう側に作られていたパズルを壊してしまう。魔女はそのまま立ち去り、先生が「皆で直しましょう」と声をかけるので、全員で協力して直していく。

（慶應義塾幼稚舎　2003）

これはパズルの修復という作業を通じ、集団行動を観察する試験である。このような集団テストでは、共同作業（パズル修復）の過程で、率先して作業に取り組む子供や消極的に手伝いにまわる子供もいるだろう。

また、パズルを壊した魔女に対する反応がどうかも観察されていることは間違いない。もしそうでなければ、魔女は子供たちの列に割り込む際に「どけどけ」と乱暴な言葉を使い、子供たちに負荷をかける必要などないからである。

思いがけない事態から、面倒な作業にコツコツと取り組まねばならない際に、その子供が当該集団でどのようにふるまうか、集団の中でどのような役割を担うのかが試されているのである。

勿論、その際、先生の指示やまわりの受験生の意見に耳を傾け作業に取り組む協調性も見られていることは、言うまでもない。

問題16　①（5～6人一組で、大きな段ボールのおみこしに、牛乳パック、空箱、リボン、ビニールテープ、モール等を使い、テープで飾りつけをする。太鼓の合図があったら片づけをする）

②（グループに1本ずつうちわが渡される。完成したおみこしをかつぐ人、うちわをあおぐ人を相談して決める。かけ声をかけながら音楽に合わせて教室内を一周する。かつぐ前に先生からクレープ紙が渡され、それをたたむかよじって、額に鉢巻のように結ぶ）

（雙葉小学校　１９９２）

「小学校受験の東大」と称される雙葉小学校では、慶應義塾幼稚舎同様、集団行動観察の問題が頻出する。この出題もなかなかユニークである。

おみこしを作るなどというと、造形などの創造的能力に重点が置かれていると感じられるかもしれない。しかし、子供がその場で、しかも集団で装飾を行うのである。装飾の出来に対してなにか特定の基準で個々への評価をすることは難しいであろう。評価のポイントとしてより重要なのは、おみこしを作る作業、かつぐ行動を通じて、集団の中でどのように行動し、仲間とどう関わっていくかということではないかと推測される。

ことに、おみこしをかつぐ際の役割分担の場面では、コミュニケーション能力がクローズアップされる。子供ならばたいてい、誰しもおみこしをかつぐことに気持ちが向かうだろう。しかし、誰かはうちわであおぐ役をしなければならない。グループ内でその役割分担をどう決められるのかが見られているのである。ジャンケンで決めるのか、体の大きい子がかつぐのか、それともうちわの役は順番にするか……いろいろあろうが、誰かがリーダーシップをとってグループの意見をまとめねばならない。これは、練習問題を繰り返すといった学習では学びきれない分野である。

コミュニケーション能力と論理的思考力はまったく別個に存在しているわけではなく、ピアジェが主張しているように、社会的な適応をしていく過程で論理的思考力が構築されてゆくのである。だとすると、子供の主体的な活動を通してそういった体験をすることが重要なのではあるまいか。

慶應義塾や雙葉が、受験生にこのような高度な能力因子を求めるのはなぜなのだろうか。それは、社会のリーダーとなる能力を備えているかどうかを測りたいからではないかと考えられる。

先の集団行動観察でいえば、グループの仲間には能力の発達段階の進んでいる子供も遅れている子供もいるだろう。また、運動神経に優れた子供や思考力に優れた子供もいる。

そうした中で、周囲の状況をかんがみながら、作業をまとめる、推進するといった役割を適切に果たすことを求められているということである。また、コミュニケーション能力が高いということは仲間づくり（人脈づくり）がうまい可能性が高い。これはまさに組織や集団のリーダー、あるいは企業経営者の資質である。

ある幼児教育専門家の話ではこのような資質を備えた子供は20人に1人くらいの割合で存在するそうである。そうしたダイヤモンドの原石のような能力を萌芽の状態のうちから見つけ出したいというのが出題者の意図ではないだろうか。

能力因子の定義

これまで私は重要と考える七つの能力因子を小学校入試問題に即して分析してきた。そこで確認の意味で改めて各能力因子の定義をまとめておくことにする。

その前にこれらの因子の前提、基盤になると考えられる能力について触れておきたい。それは「同一性を発見する能力」と、「柔軟な発想能力」である。柔軟な発想は多面的、相対的にものを見る能力と言い換えてもよい。同一性と相対化の能力が基盤にあってそれぞれの能力因子が分化してくるのではないかと私は考えている。「能力の系統樹」でいえば根元に当たる能力である。

このことを念頭に置き、各能力因子の定義づけをしてみよう。

「推理能力」とは個別に存在しているものの中に共通項（同一性）を識別して、物事の在りようのルール、法則性を発見していく能力、さらにその逆で、統一的な法則性を他のケースに当てはめ未知のものを導き出す能力と言える。これは論理学でいう帰納、演繹的思考の基本になる能力である。では、なぜ推理能力が重要な因子なのかといえば、子供にとって一見無秩序、バラバラに見える外部世界を秩序立て、論理的に把握、認識する基礎能力だからである。

「比較能力」については本章ではかなり限定的な意味合いで分析している。比較という言葉には本来、価値判断をする意味が含まれているが、萌芽的な比較能力を説明するため、AとB、あるいはA、B、Cの関係性を理解する能力という意味でまず第一に比較能力といっている。比較能力はまず二つのもののどちらが長いか重いかといった単純な段階を経て三者関係、四者関係と複雑な関係性の理解に進む。又、何と何を比較するのかを把握する能力も比較能力の一つとして出てくる。これは換言すれば、問題で真に比較するものとして、何が問われているのか、を理解する力といえる。

「集合能力」について本章では形や物質の同一性を認識して分類する能力と定義している。集合能力の発展形ではベン図（第3章で検討）などを活用する視覚的・数学的認識が主になるが、本章では言葉で考える国語的思考による集合能力に焦点を絞って分析した。

あるものを分類するには共通する要素＝同一性の認識が前提になるが、視点を変えることによって様々な共通要素が発見できることを知ることが大切である。例えば同じクラスの子供を男女に分類することもできれば、メガネをかけている子とかけていない子に分けることもできる。同じものでも見方によって様々な分類が可能だ。これは物事を相対化してみるというたいへん重要な認識の方法である。

次に「抽象能力」だが、抽象とは個々の具体的な事象を包括的に統合する概念である。抽象能力は宗教や哲学、芸術といった人間の精神性との関係で語られることが多いが、本書では試験で問われる能力因子の分析という立場から、事物を「量」「重さ」「長さ」といった特定の側面によって捉え、そこに一元化して考える能力、さらに数や式などの記号と結びつけて考える能力と位置づける。この意味での抽象能力は、ピアジェのビーズの実験からも分かるように、比較的遅い段階で発現する能力である。

「整理・要約能力」は物事の枝葉を取り払い、本質に沿った筋道をまとめる能力と定義できる。そのためには何が大事なのか、どこにポイントがあるのかに注目する力が大切になる。

小学校受験では、試験自体が、お話を聞く、あるいは絵を見せられ、それについての質問に答えるといった形式をとるので、主として言葉を整理して理解する能力のことを指していると言えよう。

問題のポイントを抽出する能力が「直感的着眼能力」である。直感的とはいってもその前提には研ぎ澄まされた観察力がなければならない。観察に加えて柔軟な発想、つまり物事を相対的、多面的に見る能力の複合作用と考えたい。

「因子順列能力」は問題解決のために個々の能力因子をどのような優先順位で働かせていけばよいかを判断する能力である。これまでも述べてきたようにそれぞれの能力因子は独立して存在しているわけではない。又、問題解決にはいくつかの因子が複合的に作用し合っている。この複合作用を効率的に行うのが因子順列能力なのである。小学校入試段階では問題に対する能力因子の対応は比較的単純だが、能力の発達とともに複合作用は複雑になってくる。次章以降で検討するように、逆にいえば能力を複合させることにより、高度な問題解決能力が発揮されることになる。

これまで述べてきた七つの能力因子は人の論理的思考能力を構成するものである。ところで人は社会的動物といわれるようにまったく孤立しては存在できない。必ず他者との関わりが生じる。この他者、集団や組織との関係を円滑に行うのがコミュニケーション能力である。論理的思考能力とコミュニケーション能力をバランスよく併せ持つことが社会人として、さらに踏み込んでいえば集団のリーダーとしての資質といえる。その意味から本書では「総合能力」というものを位置づけている。

能力を伸ばす子育ての秘訣

では、これらの能力を素直に伸ばしてやるにはどのような子育てをすればよいのだろうか。結論めいたことを先に言ってしまえば、「家庭こそ最良の教育の場」ということである。

一時期、「お受験」といえば教室に通わせ、山のようなペーパーテストを与えて知識を詰め込むことのようにいわれ、その過熱ぶりがおもしろおかしくマスコミに取り上げられた。多くの識者はそういった風潮を批判した。では、子供は放任しておけばいいのかといえば、小学校に入学しても机に座っていられない、先生の話を聞いていられない子供が多く、授業が成り立たない「学級崩壊」が続出している現状がある。

有名小学校入試でペーパーテストより行動観察を重視する傾向について、その背景を麹町慶進会の塾長・島村美輝氏は端的に「子供の生きる力を見るため」といっている。私なりに解釈すれば「物事に自分で取り組んでいく力」ということであろう。お受験教室に通わせるのも一つの教育ではあるが、基本は家庭での日常生活を通して身に付ける教育にある。

島村氏によれば、高層マンションの上層階に住んでいる子供の中には戸外遊びがまったくできない子がかなりの割合で存在するそうである。そうした子供を例えば竹やぶのような場所で遊ばせると、竹にぶつかってばかりいてなかなか自由に動けないという。位置を認識する能力に欠け、障害物を避ける能力が極めて低いのである。

そうした子供たちに一斉に後ろ向きに走れと号令をかけるとバタバタと皆転んでしまう。高層マンションに住んでいるとどうしても室内での遊びが中心になり、戸外で遊ぶ機会が少なくなりがちで、その結果、このようなバランスを欠く子供になってしまったのかもしれない。こうした子供は運動機能に障害があるわけではない。ただ、機能を開発する、あるいは発揮する機会に恵まれなかっただけのことである。

また、音楽やお絵かきが不得意な子供は母親自身がそうした分野に苦手意識を持っているケースが多いという。母親は無意識のうちに自分が苦手なことは子供にもやらせない。その結果、子供は能力を開発・発達させる機会を知らないうちに失ってしまう。

子供の能力を発達させる子育てとは、能力の芽生えを促す機会を得る環境を整えてやることだ。それは別に特別なことではなく、家庭での日常生活でも十分可能なことなのだ。

ルルのパーティ――絵本に潜むヒント

日常生活の中で子供の能力を伸ばす機会の一例として、私の個人的な体験を述べてみたい。子供は絵本が大好きで私の娘も例外ではない。『ルルのパーティ』は娘のお気に入りの絵本の一つである。二人でこの絵本を見ているとき、私は奇妙なことに気がついた。最初のページは朝のシーンである。ルルのベッドの上にある窓からお日様が顔をのぞかせている。そして数ページ進むと夜になる。今度は窓の外に左上部が欠けた三日月が見える。実はこの姿の三日月は夕刻に西の空にしか見えないはずだ。朝日が当たっている東側の窓からは見えるはずのない月なのである。

私は月齢が絵本の三日月と同じになる日に娘を庭に連れ出し「ホラ、絵本と同じお月様が西の空にあるね」と確かめさせた。さらにこの体験を一歩すすめて同じ時刻に何日間か月を見せれば、月の位置の移動と満ち欠けの関係を自然に理解していくことも可能だ。例えば同じ位置に立ち、電信柱を基準にして「きのうは電柱の右にお月様があったけれど、きょうは左側に出ているね。あしたはどのへんにお月様はいるだろうね」といった会話から月の運行の法則性を発見し推理能力を養うこともできる。

可能であるならば、性能の良い天体望遠鏡で、木星の衛星を観察させ、木星とその衛星の位置関係を確認させるなども、してみたいところだろう。木星の衛星が日によって見える個数も位置も変わることを子供がどのように感じるかを聞いてみるのである。これはまさに「ガリレオ体験」である。

娘のもう一つのお気に入りの絵本は『しろくまちゃんのほっとけーき』である。これは何度も版を重ねたロングセラーだそうで、世代を超えて子供に愛されている定番本である。しろくまの親子がホットケーキを焼いて食べるのだが、ページが変わるごとにエプロンやお皿、カップの色が変化している。娘と一緒に「運んでいる時のオレンジ色のお皿がテーブルに置かれると何故、緑のお皿に変わっているんだろう」と考えたものだ。これは同一性を発見する良い機会になったのではないだろうか。

ここで私がいいたいのは、当然のことだがこれらの絵本が非科学的だとか、統一性がないということではない。ファンタジーの世界ではどんなことでも起こりうる。その世界で遊ぶことで子供は豊かな情操を育み想像力の翼を広げる。

しかし、そこに別な視点を与えてやってもよいのではないだろうか。

例えば母親がファンタジーの楽しさを、父親が現実的な視点を教えてもよい。子供は混乱するよりむしろ絵本の多様な見方に目を開き、様々な発見をしていくのではないかと思う。絵本を読むという日常的な行為のなかでも子供の能力を発達させるヒントがあり、機会があるのだ。

同じく、日常生活のいろいろな行為、テーブルセッティングや洗濯物をたたむ、といったことに参加させることも子供の能力を育てる上で重要だ。テーブルのどこにお父さん、お母さん、自分の食器を置くか、あるいはたたんだハンカチをクロゼットの上から何番目の右側の引き出しにしまうか、これは空間認識や位置表象の訓練ということになるのだが、しかし、それは子供にとっては仕事ではなく一種の遊びで、結果的に体験学習になる姿勢が大切だろう。ツルツルと硬い食器の触感、柔らかいタオルの肌触り、そうした体験の積み重ねが物と言葉を結び付け、ピアジェのいう象徴的思考を育てる機会になる。

前出の島村氏によれば、最近の子供には非常に難しい言葉を口にする子がいるという。しかし、それはどんなこと？　とたずねると内容はまったく理解していないことが多いというのだ。テレビのように一方的に情報を発信する環境に囲まれて育った子供は実体に触れる機会が少ない。例えばいくらテレビで海を見ても、その広さを実感として感じることはできないだろう。まして波の力強い動きや海の水の塩辛さは、実際に波打ち際に足を浸したり海水をなめてみなければ分からない。生活体験に根ざしたビビッドな言葉を持つことは、思考を発達させる大切な条件なのである。

子供と向かい合うことの大切さ

子供の能力を伸ばすには、こうしなければならない、という絶対的な方法はない。しかし、能力を発達させる環境を整え機会を与えてやることはできる。幼児期の子供にとって、その最良の場が家庭なのである。

絵本に関する私のささやかな体験を先に述べたが、私は娘の能力を育てようと最初から意識して絵本を読んでやったわけではない。絵本を一緒に読むという共通の目的を通して、娘と時間を共有したかっただけである。そこでたまたま疑問を発見し、一緒に考えてみたのだ。

能力を伸ばすというと英才教育的なことを考えがちだが、それより大切なのは日常生活の中で子供としっかり向かい合う、一つの体験を共有するといったことではないだろうか。親子で向かい合うことで子供は自分以外の存在を意識する。それは同じ年頃の集団、子供にとっての社会に参加する準備を整えることになる。また、体験を共有することで子供は物事を最後までやり遂げる喜びを学ぶだろう。

小学校入試が他の試験と大きく異なる点は、その時点での能力の達成度ではなく、将来どれくらい伸びる可能性があるか、すなわち子供の将来性に重点が置かれていることである。ペーパーテストで満点をとっても、先生の話を静かに聞けない子供や遊びも含め集団での共同作業がうまくできない子供は合格できない。そうした子供は将来伸びる可能性が低いことを小学校側は長年の経験で知っているからであろう。

自分の能力を発達させることは、本来喜びのはずである。まして、白紙で生まれてきて広い世界を次第に認識していく子供にとってそれが喜びでないはずはない。その喜びを素直に伸ばしてやることが能力の発達を促す最良の方法であろう。その意味でも小学校入学までの子供にとって、家庭は最良の教育の場なのである。

能力を伸ばす環境

前出の島村氏は、小学校受験を控える子供を持つ親について以下のような感想を述べられている。

「最近のお父さま、お母さまを見て率直に感じること、それは我が子の器を大きくするための子育てをしているか？　ということです。器を大きくするということは、生まれつきの能力をそのままに育てることではありません。公園デビューや通園など、ほとんどの方が経験するような安易なことではないのです。それは、これまでどのぐらい大きな世界を子供に見せてきたか、そして、その子供に大きな影響力を与える人に関わらせてきたかの2点だと思います。

前者の場合、『砂場で遊ばせるより砂浜で遊ばせる』という考え方ですべての環境の選び方を決定すればよいのです。

砂場に落ちているものが不潔だから触れさせないような母親は論外として、小さな砂場では限られた物事しか経験できないことを母親は知らなければなりません。

同じ砂のお城を作るにしても、波の来る広い砂浜という環境でそれを行えば、得られるものが違ってくるのです。貝殻を見つけ、蟹に出会う経験をしたり、折角作った城が満潮のせいで崩れてしまう経験は子供の心に何かを残すはずです。小さな場所では小さな経験しか得られない。やはり、貴重な体験は広い大きな場所で得られることが多いのです。

私は山で遊び育った子供の中で最も山遊びが下手な子供が、都会に来て都会の子供と山遊びに似た行為をした際、都会の子供は山から来た子供に何一つかなわないことを思い知らされるだろうことを想像します。山で馬鹿にされていた子供の知識は都会の子供には未知のものであり、尊敬に値するものだからです。

当然、都会のビルというジャングルで縦横無尽に遊んだ経験（そのような子供が今存在するかは疑問ですが）のある子供は山の子供に逆の立場で知識を授けることができると思います。

ご両親が休みの日に子供に与える場の大切さは、後で思い知ることになるものです。可能な限り子供に未知の環境を与え続けて欲しいのです」

島村氏のこの言葉は、子供の能力を伸ばすことについて一つの真理を私たちに投げかけるものではなかろうか。

〈コラム〉能力の個性とは

幼児期の能力について取材させていただいた島村氏は、もうかれこれ二〇年以上もの間、様々な幼児を見続けてきたという。

そのプロセスで島村氏は、ある特定の幼児にのみ発達する〝生得的な能力〟に気づいたという。

例えば、小学校入試に頻出の〝物の個数の認識〟という領域で、その顕著なケースは現れた。出題の形式は、一般に、左にバナナ9本、右にバナナ6本の絵が描かれており、左右を比較した場合どちらが多いですか、又、その多い数だけ、○を描きましょうというような形式で行なわれる。

平均的な幼児の場合、これを丁寧にひとつひとつ勘定していくわけだが、中には、指折り数えたり、鉛筆でバナナに印をつけることなしに、カメラのシャッターを切るように瞬間的に二つの絵柄を捉え、正解に到達する幼児が、まれにいるという。

このような幼児の場合、島村氏は、他の幼児と全く異なる指導法で接することにしているという。通常の解答法である〝定石〟をあえて教えないのである。

これは個性の尊重という点で大変に好ましい。優れた能力がその子供に備わっていれば、それが人と違っていてもねじ曲げず尊重してやるのは、望ましいことであるからだ。

人には様々な個性がある。それは、能力という面でも同様である。そして、集団の中で一般に劣っていると思われる者が、何かしら生得的な能力で〝光るもの〟を備えている場合もある。

人間の生得的能力というものを私がぼんやりと意識するようになったのは、中学の卒業式で校長（確か工藤五郎という名であった）の告辞を聞いたことが出発点だったように思う。

太平洋戦争時、工藤は、陸軍の兵士として南洋のある島に居た。そこでAという同年代の男と組み、日々雑用を任されていたが、ペアを組んだAは水汲みにしろ、武器の造作にしろ、仕事が遅く、何をやらせても段取りが悪かった。仕事全般で満足のいく成果を出せなかったのである。

ところが、ある夜、二人で密林の中を歩いた時のことだった。Aの位置認識能力、正確に出発点と目的地の位置関係を記憶する能力に工藤は驚かされたという。

工藤はたびたび、作業に行った目的地から戻る際に道に迷うことがあった。これに対し、愚鈍な感じのするAは、方向感覚に関しては極めて優れていたという。真っ暗な密林を磁石も持たず、かぎわけるように帰営したのだという。

そして、工藤は、話の締めくくりとして最後にこのように語った。

人の頭数だけ、さまざまな能力があり、その能力に適した仕事がある。問題は、自分が何に向いているのかを早い時期に見出し、それを鍛え伸ばすことだ、と。

〈コラム〉巧緻性――ペーパーでは測れない総合能力――

第1章の能力因子の七つの類型では取り上げなかったが、ひとこと触れておかねばならない能力に巧緻性がある。この能力は、これまで概観した他の能力因子と一線を画している。それはこの因子がペーパーテストで測れない能力因子であるからだ。

ひもを結ぶ、細い穴に通す。紙を指定された形にハサミで切り抜く。この巧緻性という能力は、近時の小学校入試では特に重視されている重要因子である。

しかし、巧緻性を見ると推察される試験において試されているのは、単に手先の器用さということではない。作業に取り組む子供の姿からペーパーテストでは測れない総合能力が見られているからだ。行動観察の重視は最近の傾向なのである。

巧緻性の出題は次のようなものが多い。

巾着袋のひもを絞って、リボン結びにする。
穴にひもをとおして、最後にリボン結びにする。
16個くらい穴の開いた板に、見本どおりひもをとおす。(田園調布雙葉小学校　2002)

机の上に魚の描かれた紙とひもが用意されている。
魚の絵をちぎり抜く。時間が来ると「やめ」といわれる。
魚の目の部分をちぎって穴を開ける。
ひもを魚の目にとおし、机の横に用意されている長い棒に、蝶結びで結ぶ。

（立教女学院小学校　２００１）

先述したように、巧緻性の問題は単に手先の器用さを見ているのではない。では、どんな点が評価の対象となっているのだろうか。それには、この試験で最後までできず未完成に終わった子供でも合格しているケースが多い、という事実が評価基準を知るヒントになろう。

例えば「穴の開いた板に、見本どおりひもをとおす」という課題では、見本を観察し作業手順を考え、最後まで粘り強く作業に取り組む姿から、ペーパーテストでは判断しにくい意欲や真摯《しんし》な態度、努力する姿勢などが見られているのではないか。

さらに、巧緻性を見る制作課題は単独と集団で行われることがあり、最近は集団行動観察が増えている。その場合は集団の中での協調性やリーダーシップといった社会性の能力も評価されているに違いない。行動観察の重視が最近の傾向だと前述したが、これは、小学校入試には、子供の能力の発達段階を見るという側面と、入学後にクラスという集団の中でルールを守りながら学習に取り組めるか、すなわち協調性や学習意欲を見るという、二つの側面があるからである。

第2章 難関中学・東大入試問題から論理的思考能力の発達を考える

能力発達の転換期

中学入試が小学校の〝お受験〟と大きく異なるのは、問題のレベルが難しくなっている点もさることながら、より本質的な、質の変化があるという点である。それは問題の内容が純粋な論理的思考能力を求めていることである。

小学校入学前後までの能力の発達段階については、ピアジェ理論にそって第1章で詳しく述べたとおりである。すなわち、7歳から11歳頃の所謂《いわゆる》、具体的操作期と呼ばれる時期においては、子供は具体的な対象についてある程度理論的な思考ができるに過ぎなかった。

ところが、11歳ないし12歳頃から始まる形式的操作期に子供が足を踏み入れると、実際に存在する身の周りの事物に基づいて考えるだけでなく、頭の中で組み立てた可能性の考察が可能となるのである。すなわち小学校の6年間の間に能力発達の転換期があるということだ。

この段階に達した子供の思考の特徴は、対象の具体的性質にとらわれることなく、論理的な規則や形式によって思考を展開していけるようになることである。具体的な知覚を頭の中で形式的に操作し認識できる能力である。これは能力の発達段階の大きな変換点である。

形式的操作期の段階を経ることで人の知的能力の基礎はほぼ完成する。もちろん、これはあくまで基礎的能力であるから、成人期に向かって様々な知識の獲得や思考様式の洗練、専門性への分化が高まっていくことはいうまでもない。いわば、この時期は、先に提言した能力の系統樹のイメージの中でとらえれば、幹の部分が成長し、専門性という枝を伸ばす準備が整った段階と位置づけることが可能だろう。

このように小学校の6年間は能力の基礎を固め、飛躍的な発達を迎える大切な時期といえる。この時期の子供には、どのような能力が問われているのか、その具体例を中学校入試の問題を分析することで検証してみよう。

中学校入試問題——論理的推理と創造的推理

小学校入試の推理問題は、AとBの関係、BとCの関係からAとCの関係を推理させたり、物や数字の配置・配列の規則性や法則性を発見し、次に来る物を推理するといった形式のものが多かった。いわば与えられた条件と推理を働かせた結果が直線的に結び付いているような問題である。稀《まれ》に慶應義塾の魔法の箱のように、魔法の箱を自分自身が二度通ったらどう変身するかといった、推理能力を段階的に展開させる問題もあるが、これは小学校受験レベルではかなりの難題に属する。

ところが、中学入試になると次に紹介する例題を見ても分かるように、設問を読む段階で要約能力や集合（全体と部分）能力、抽象能力などを総合しなければ理解するのが難しい問題が出題されるようになる。すなわち、因子序列能力をフルに発揮しないとつとまらないのである。また、解答に至る道筋も論理を何段階か展開させなければならない。これはまさに当該受験者に形式的操作が完全に身に付いているか否かを測っているのである。

問題1　図のような浴槽を使って実験をしました。温度計Aは底、Bは底から15cm、Cは底から30cmの位置で水平に固定しました。

水道水を入れ始めたとき温度測定を始め、水がたまったところでガスに火をつけました。この結果をグラフ①、②、③に表しました。次の問に答えなさい。

1　測定を始めたときの気温は何℃ですか。

2　測定を始めたときの水道水の温度は何℃ですか。

3　火をつけたのは測定を始めてから何分後ですか。次の（ア）〜（エ）から選び記号で答えなさい。

（ア）　14分後　（イ）　16分後　（ウ）　18分後　（エ）　20分後

4　温度計A、B、Cの変化を表したグラフを①、②、③から選びそれぞれ記号で答えなさい。

5　測定を始めてから40分たったところで火を止め、20分間何もせずにおいたとき温度計Aの温度はどれに最も近いですか。次の（ア）～（ウ）から選び記号で答えなさい。

（ア）20・5℃　　（イ）28・0℃
（ウ）40・0℃

6　5の測定のあと温度計A、B、Cの水温をすべて同じにするにはどうすればよいですか。

7　別の方法で実験したとき、温度計A、B、Cの温度変化がグラフ④、⑤、⑥のどれかになりました。このうち温度計A

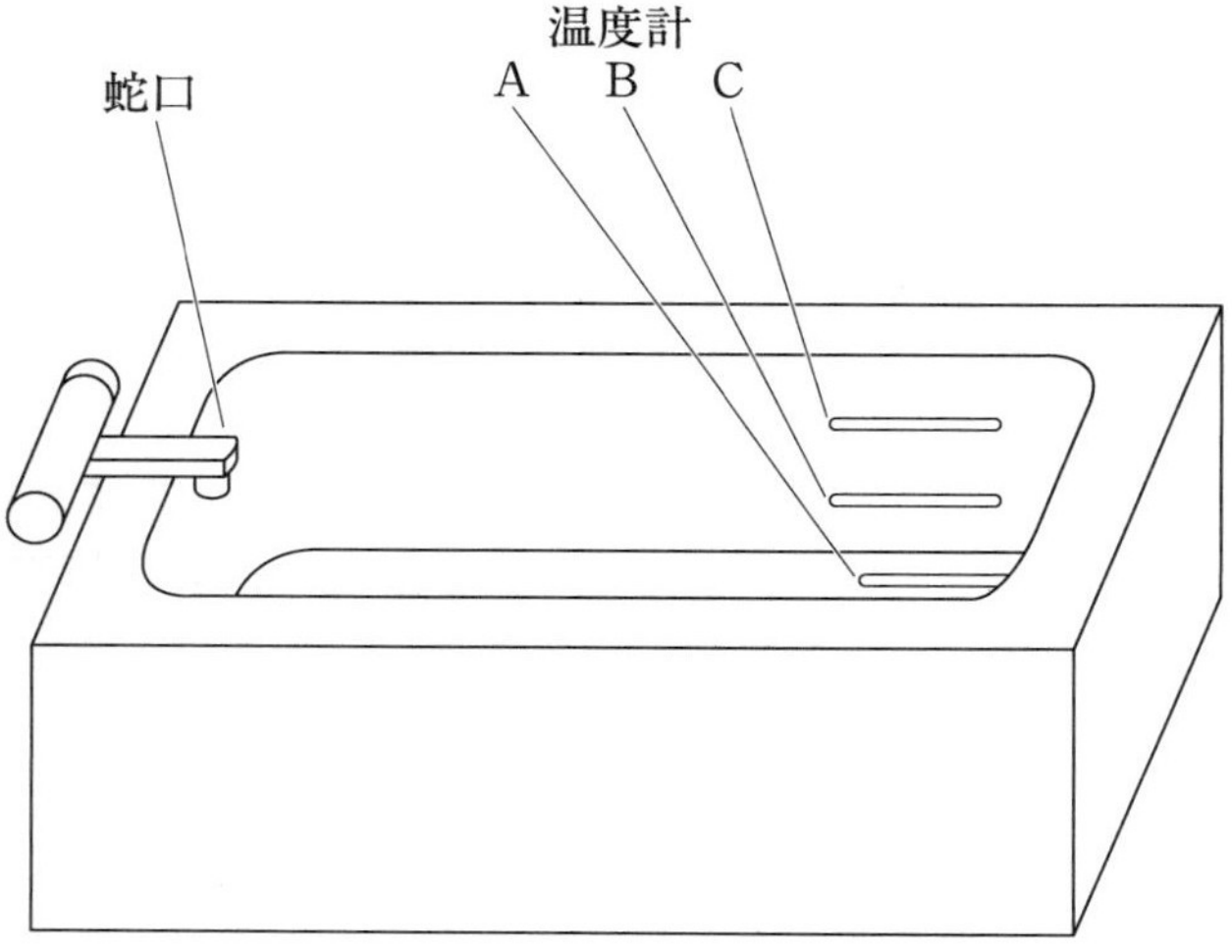

グラフ①

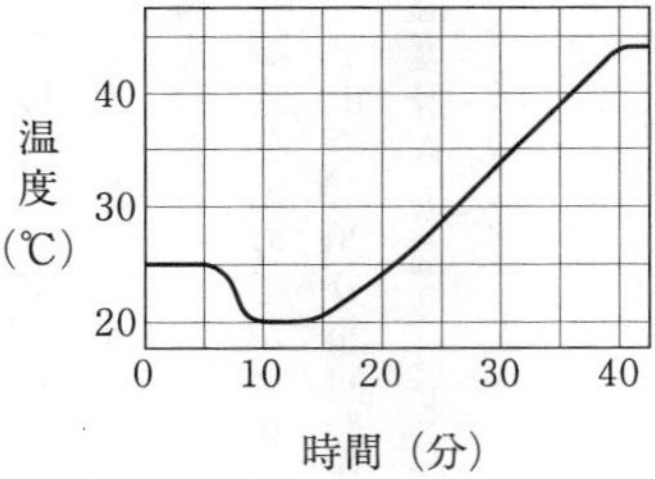

グラフ④

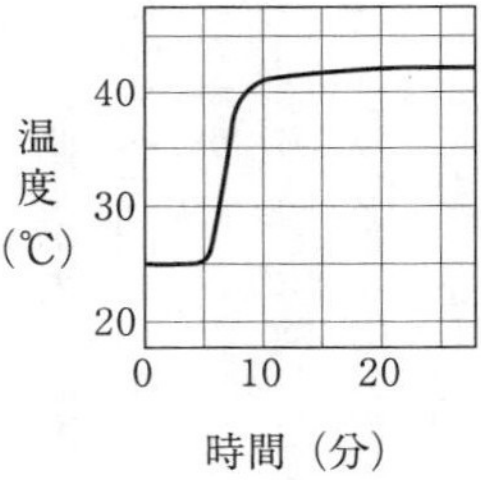

グラフ②

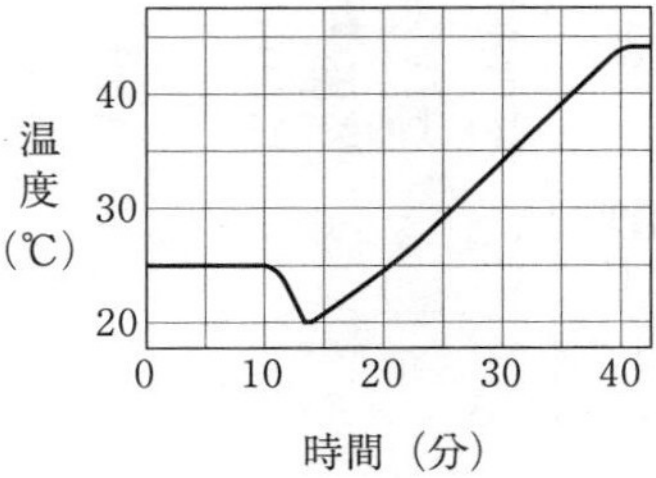

グラフ⑤

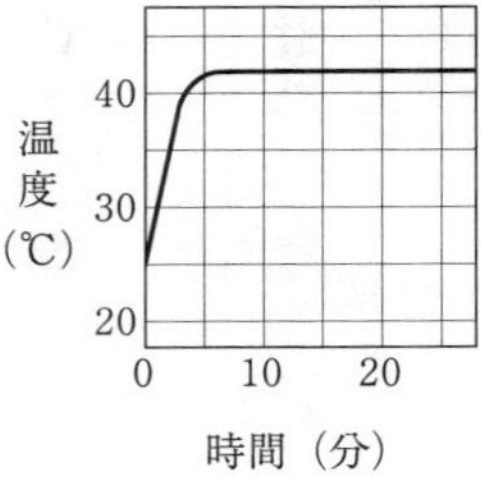

グラフ③

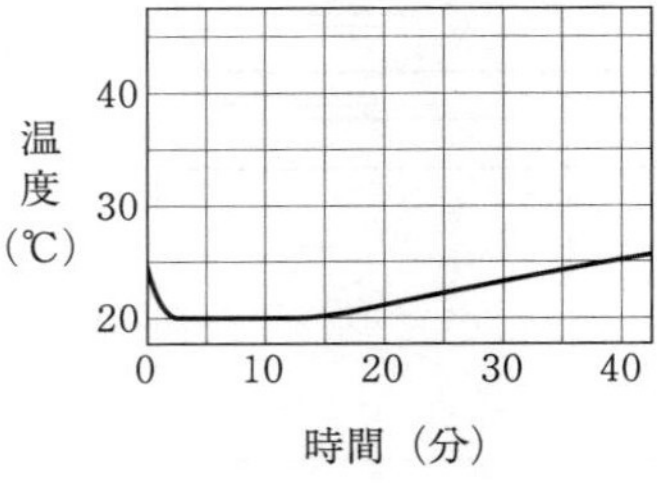

グラフ⑥

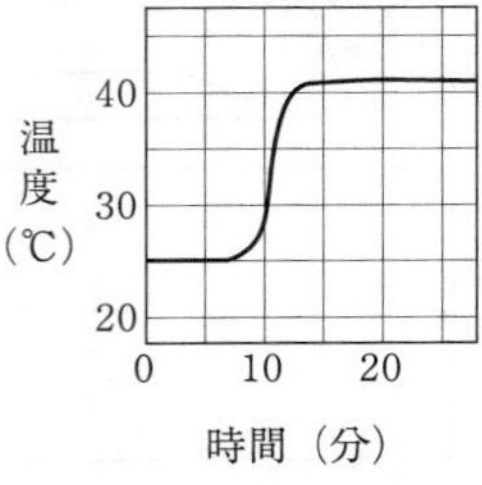

のグラフはどれですか。また温度変化がこのようになる実験方法を答えなさい。

（慶應義塾普通部　理科　２００１　一部略）

当然といえば当然のことなのだが、同じ推理能力を問う問題でも小学校入試とは大いに趣を異にしているのが分かるだろう。小学校の6年間が子供のあらゆる能力因子を飛躍的に発展させる時期であり、中学入試ではその成長が問われていることが、この問題を見ても如実に見てとれよう。

さて、この問題にはグラフの内容を読み取りながら論理的に推理を進めていく側面と、視点を変えて創造的な推理を働かせる二つの側面があることに注目したい。

グラフの横軸は時間経過、縦軸は温度変化を示している。温度変化の要因は浴槽に水が張られ、それが温められることである。すると、小問1が求めている、測定が始められたときの気温（外気温）は、水の影響を受けていない状態の浴槽内温度と考えられるはずだ。①～③のグラフの起点はすべて25℃だから、これが測定時の気温ということになる。

小問2　水道水の温度はよほどの寒冷地でもない限り気温より低いと推測できる。①～③のグラフを見ると、すべていったん20℃まで下がり、そこから上昇に転じているので、20℃が温められる以前の本来の水道水の温度（水温）である。

小問3　火をつけるとは水温に変化が起こることを意味する。そして、着火後、浴槽の水は熱の伝導によって徐々に温められていくのだから、最初に温度変化が現れた時点を見つければ火をつけた時が分かる。①～③のグラフはすべて14分後から上昇に転じている。
小問4　グラフ①とグラフ②を見ると、14分後からの上昇部分に顕著な違いは見られない。特徴的なのは、問2で見た水道水の温度、すなわち20℃を示す部分である。そこでグラフ①～③の20℃を示す部分に着目したい。水は浴槽の下からたまる。したがって温度計の位置が下にあるほうが早い時点で20℃を示すと推理できる。また、温められた水は上昇するという性質を知っていれば、加えて底部の温度上昇が比較的ゆるやかであることも推理可能となる。よって、温度計の位置の低い方からAがグラフ③、Bがグラフ①、Cがグラフ②となる。
小問5　火を止めた時点での浴槽内の水温は上部、中部がそれぞれ約43℃くらい。下部(温度計A)は25℃を示している。20分間放置しておいた場合、熱は高いほうから低いほうに伝わる(伝導)のだから、浴槽の底の水温は火を止めた時点より低下することはない。また、20分間に全体がほぼ均一の40℃になるほど水の熱伝導率は高くないので、答えは(イ)　28・0℃となる。
小問6　浴槽内の水温を一定にするには熱いところと冷たいところを強制的に混じり合わ

せればよい。つまり、攪拌、かきまぜるのである。

小問7　この問題を解くには問1～6までとは視点を変える必要がある。グラフ④、⑤、⑥の温度変化と時間経過の関係を見ると、水温の変化のパターンが同一であることに気づく。つまり、25℃から一気に40℃強まで上昇し、その後安定しているというパターンである。これが5分から7分くらいの時間差で起こっている。この温度変化のパターンと時間差から推理できるのは、浴槽に水を張って徐々に温めるのではなく、40℃強のお湯を直接浴槽に注ぎこんでいるということだ。すると浴槽の底に設置した温度計Aはお湯が注ぎ込まれた直後に40℃強にまでなり、その後一定の温度を保つ。次に5分ほどの時間をかけて底から15㎝お湯が溜まると温度計Bが40℃強まで上昇し、さらに時間をかけて温度計Cまでお湯が溜まっていくことになる。したがって温度計Aのグラフはお湯が注がれた直後に上昇を示しているグラフ⑤と推理しうる。

推理力を基盤とした比較能力の問題

数字あるいは数式というのは純粋に抽象的な概念である。その抽象化された世界で論理を展開、発展させていくことは論理的思考能力が一つの到達点に達したことを意味する。

ここで、小学校入試の比較の問題を思い出してみよう。そこではクマやウサギといった具体的な物と、重い―軽い、遠い―近い、長い―短いといった概念を結び付けて比較能力を測っていた。しかし、中学入試では純粋な論理力が問われるようになるのである。次に挙げる例題は中学入試でも難易度の高いものであるが、形式的操作の段階に達した小学校高学年の生徒の能力が試される一例として掲げてみた。

問題2　分数を次のような順序でつぎつぎにかけあわせていく。

$$\frac{1}{9}\times\frac{3}{11}\times\frac{5}{13}\times\frac{7}{15}\cdots$$

この値が1/10000より小さくなるのは、最も少なくて、□個の分数をかけあわせたときである。□をうめよ。

（灘中学校　算数　1997）

この灘中学の算数の問題の特徴は、正確でしかも迅速な計算能力が絶対に必要なことである。また、この中学では、それに加えて、数学的センスが求められる問題が多く出題されるのも特徴である。この問題からも分かるように、真正直に解こうとして一つ一つ計算していたのでは、時間内にすべての問題を解くことはおぼつかないであろう。論理の筋道を把握した上で、答えはおよそこの辺の範囲に存在するはずだ、と解の数字を想定できる能力が必要とされているのである。

この問題を解く鍵は分母が9から始まり11、13と2ずつ数が増えていること、同様に分子も1から始まり3、5と2ずつ増えていることに着眼できるかどうかにある。この規則性に基づいて分数式の後をもう少し続けると、

$$\frac{1}{9}\times\frac{3}{11}\times\frac{5}{13}\times\frac{7}{15}\times\frac{9}{17}\times\frac{11}{19}\times\frac{13}{21}\times\frac{15}{23}\cdots$$

となる。すると分母と分子に共通の数が現れてくるから、これは約分が可能だ。つまり、この掛け算は、どれだけ続けても残る分子は1、3、5、7の最初の4個の数、分母は逆に最後からかぞえて4個の数ということになる。

つまり、その謎の分母をA、B、C、Dと置くと

$$\frac{1}{A}\times\frac{3}{B}\times\frac{5}{C}\times\frac{7}{D} < \frac{1}{10000}$$

と表現でき、この不等式を満たす分母のA、B、C、Dの値を求めればよいことにな

る。この式の分母をはらって整理すると、

$105\times10000<A\times B\times C\times D$

↓

$1050000<A\times B\times C\times D$

となる。

ところでこのA、B、C、Dは題意の条件から、それぞれ2ずつ差のある奇数である。仮にAを25とすればB、C、Dは27、29、31となる。しかし、こうした端数を含む計算は煩雑すぎて時間を要するため、このような計算をする回数を減らしたい。

そこで、該当する数のあたりをつけてみる。20とか30といった二桁の数を4乗してみて、範囲を絞るのである。たとえば、

$20\times20\times20\times20=160000$

では1050000よりあまりに小さすぎる。

$30\times30\times30\times30=810000$

では、だいぶ近づいたが、おそらく40では大きすぎるだろうと漠然とした予想を立て、

$35\times35\times35\times35=1500625$ を作ってみるのである。

すると、これでもやや大きすぎる。しかし、35付近の数字が正解に近いことは類推可能

である。あとはそれを計算で確かめる作業に移る。

27×29×31×33＝801009・・・①

29×31×33×35＝1038345・・・②

31×33×35×37＝1324785・・・③

したがって1050000より大きく、しかも1050000に一番近いのはAを31とした場合であることが分かるだろう。分母が31になるのは12番目であるが、その後にB、C、Dをかけているので、3を足して15個が正解となる。

推理能力を土台に算出される数値を的確に比較できないと、限られた時間内に正解は得られない。正確かつ迅速な計算能力が必要とされることが納得していただけたろう。

直感的着眼能力——注意深い観察と新局面の発見

ここまで、推理能力、比較能力を主因子とした中学入試に代表的な問題を概観してきた。この二題の検討だけでも、小学校入試で同じ因子を用いる問題と比較したとき、その難度の変化に驚かれたことだろう。

このことは、子供の能力の発達が具体的操作期から形式的操作期に推移したことに対応しているものと思われる。すなわち、実際の具象物と結びつけなくとも頭の中の論理的思考を展開できる段階に達している、その能力を試すために、これほどまでに問題の難度が変化するのである。

出題の難度の変化という点では、これからとりあげる能力因子、直感的着眼能力も同様である。これらの問題は、一見したところ、天才的な解法を見いだすことを求めている、あるいはあらゆる出題パターンを網羅する多量の訓練を重ねることを求めているかのように感じられるかもしれない。

しかし出題者は、不可視なものをセンスでもって見抜きなさいなどと無理強いしているのではない。題材は目の前に示されているのであり、見えているのである。注意深い観察から本質を抽出することこそが求められているのである。

ただし、出題の意図として、主たる能力因子は直感的着眼能力と想定されるこれらの問題も、ただ直感的着眼能力因子のみが問われているわけではない。又、その単一の能力因子を駆使するだけで、正答にたどりつけるわけでもない。

第1章の能力因子の定義を述べたところで、「同一性の認識」と「柔軟な発想」がすべての能力因子の前提となっていることに触れたが、中学入試で、それぞれの能力因子がより高度な展開で試される際にもこの二つが前提とされることは言うまでもない。特に直感的着眼能力を問われるような難関中学の図形問題では、当然の如く要求されている感があ

問題 3

(1) 右の図のように、辺の長さが2cmの正八角形の頂点を通る円がある。円と正八角形の1つおきの辺を延ばして作った正方形との間の斜線の部分の面積の和は□cm²である。

(灘中学校 1989)

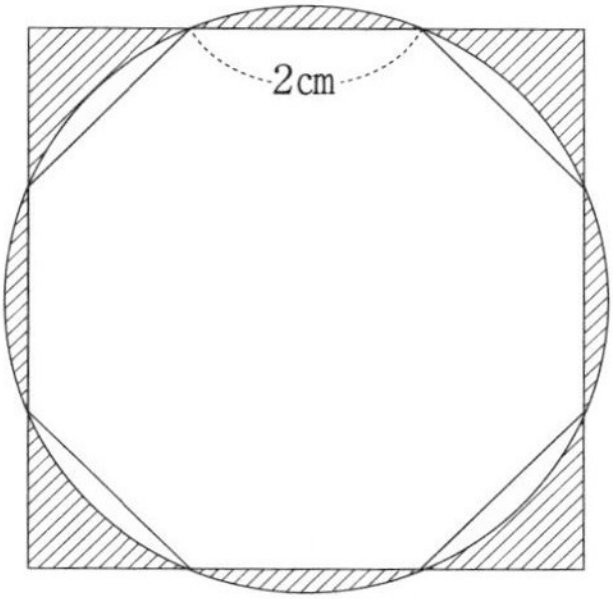

(2) 円に5本の直径をひいてできた右のような図形があります。斜線をひいた5つのおうぎ形の周の長さの和は78.84cmです。円周率は3.14とします。この5つのおうぎ形の面積の和は何cm²ですか。

(慶應義塾普通部 1987 一部略)

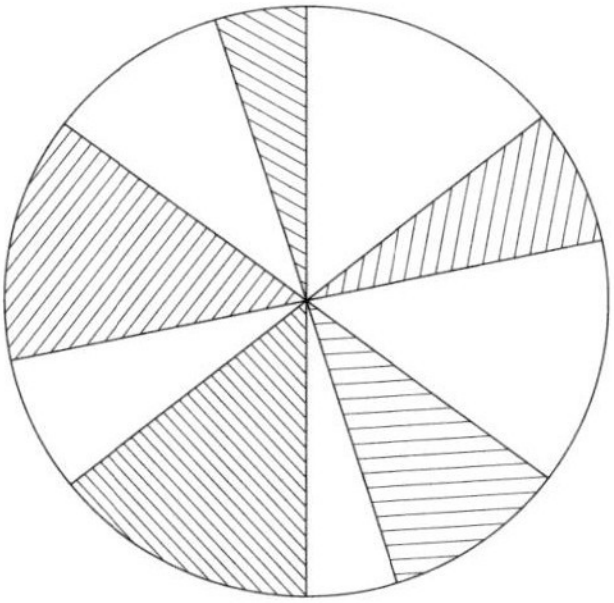

(3) 右の図の斜線の部分の面積を求めなさい。点Oは円の中心で半径は10cmです。円周率は3.14とします。

(東洋英和女学院中学部 1987)

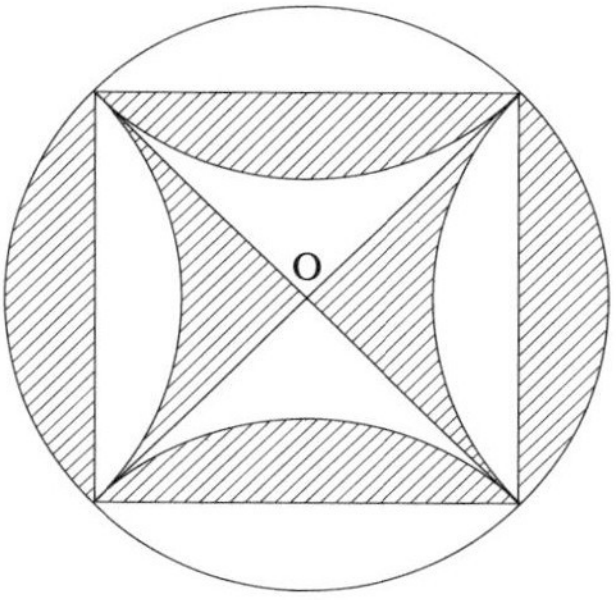

る。

それでは、難関中学の中でも、とくに算数の難しさで知られる灘中学の問題から、そのあたりの能力がどのように試されているのかを見てみよう。
（1）の灘中学の問題で言えば、与えられた条件は、「円」、「正八角形」、「2㎝」だけである。まずは問題文より、解答に必要な部分だけを「整理・要約」してみるのである。
このような場合、円に接している正八角形の頂点から円の中心に補助線を引く場合が多い（図A）。これは、特別な発想を要する補助線ではなく、ごく一般的な手段といえるであろう。

ところで、方針違いの例として挙げられるのは、正方形からはみ出している、扇形の孤と正八角形の一辺とに囲まれた弓形の面積（①）と、正方形の四隅の直角二等辺三角形の二等辺と扇形の孤とに囲まれた部分の面積（②）とを、それぞれ求めようとすることだろう。つまり、①を求めるのに円の8分の1の扇形の面積から三角形（③）を引くというような解法である。

このような計算に着手すると、出題者が想定している

図A

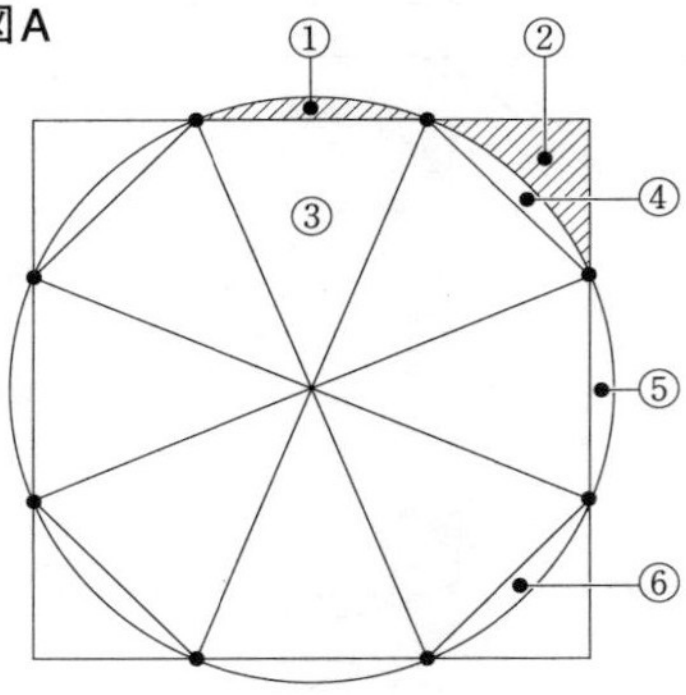

解法からは、遠のくばかりである。

円や円の一部の面積を求めるためには、普通、半径と円周率が必要であるが、問題文からは、半径もしくは半径を簡単に算出できるようなヒント（直径や弧の長さなど）は与えられていない。すなわち、①も②も、面積を求めようとすると計算がいちじるしく煩雑なうえ、小学6年生までに習うことになっている知識だけでは算出できないのである。そして出題者も、その煩雑な計算や三角関数の知識を要求しているわけではない。

では、どうするか。「柔軟な発想」をしてみるのである。柔軟な発想といっても、唐突に天才的な発想を持ってこなくてはならないというようなことではなく、「ダメそうだと思ったら、別の方法も試しにやってみる」のである。

出題の図をもう一度観察してみていただきたい。①で求めようとした斜線の弓形と、となりあった白い弓形（④）は、似ているように見えないだろうか。灘中学で問われる「同一性の認識」といっても、常に法外に天才的なセンスを求めているという訳ではないように思われる。

もしもこの黒い弓形と白い弓形が同面積であるならば、①を④へ、⑤を⑥へ……それぞれ移せば図形を単純化できる（図B・C）。①と②を足した面積は、②と④からなる直角二等辺三角形と等しいということになる。この点に着眼できるならば、与えられた条件から面積を求める目算も立つであろう。

　しかしそのためには①と④が似ているだけでは不十分である。図Aに戻って、念のため、もう一度確証を得なければならない。

　正八角形であるならば、この補助線によって円も八角形も八等分にされている。したがって、円の8分の1の扇形はどれも同じ形で同じ面積、正八角形を八等分した二等辺三角形もどれも同じ形で同じ面積になる。

図B

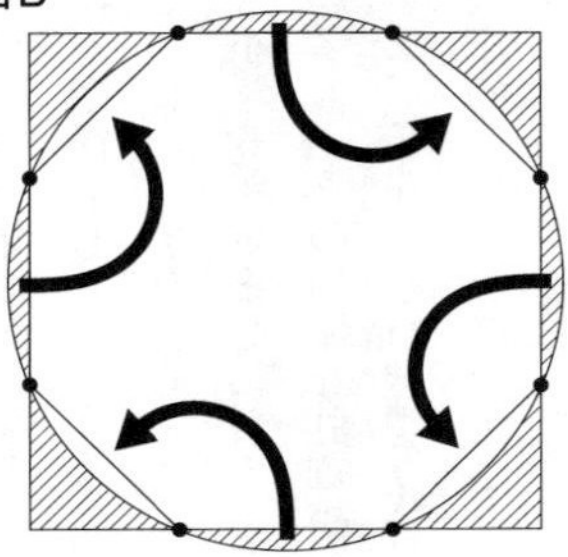

図C

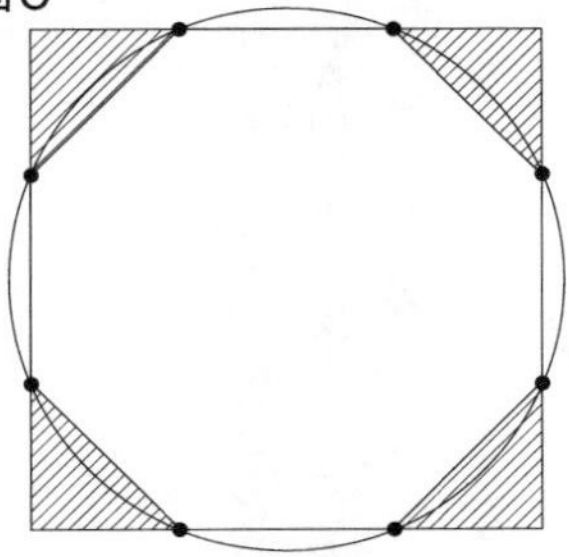

図D

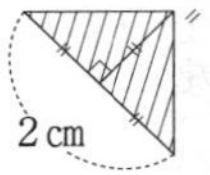

図E

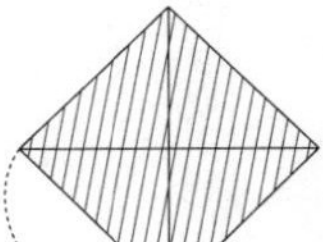

扇形から三角形をひいた面積①と④、すなわち黒い弓形と白い弓形は、同面積ということになる。

そこで、求める斜線部分の面積は、②＋④の直角二等辺三角形四つ分になる。

ここまでくれば、この三角形の面積を求めることも、あるいは四つの直角二等辺三角形をパズルのように組み合わせて正方形と考え、その面積を求めることもできよう。いずれにしても小学生の知識を用いて簡単な計算で算出できる。

前者であれば、直角二等辺三角形をさらに二等分する補助線を引いて（図D）、2㎝を底辺と考えたときの高さ1㎝を求めた後、2×1÷2×4＝4㎠。後者であれば（図E）、シンプルに2×2＝4㎠という具合である。

いかがであろうか。解答に至るまでの一つ一つの段階で発揮する能力因子は、意外にもシンプルな用い方である。また必要な算数の知識は、円と正多角形の性質に関するものだけである（どちらかといえば、それ以上の知識を動員しないのがポイントとも言える）。

純粋に論理的な思考を大きく展開できる能力とは、基本的な能力因子を必要に応じて組み立てる能力ということもできる。この段階においては、一つ一つの能力因子をどのように組み合わせるかという、「因子順列能力」に、試験で問われる重点が移ってくる。試験問題の難度が増すとは、因子の順列組み合わせが複雑になってくることとも言える。

（2）の慶應義塾普通部の出題も、（3）の東洋英和女学院中学部の出題も、（1）灘中学の問題同様、柔軟な発想により同一図形に着眼し、目の前にある複雑な図形を単純化する能力が求められているのである。

（2）であれば、図形中の①と⑥、②と⑦、③と⑧、④と⑨、⑤と⑩はそれぞれ同じ扇形であるという「同一性」に「着眼」したい。（3）であれば、①・③と②・④の「同一性」に「着眼」できれば良い。着眼点の証明に必要な算数の知識は、（2）は「対頂角は等しい」ことと円の性質、（3）は（1）同様、円と正方形の性質だけである。

（2）において、⑦・⑨をそれぞれ②・④と入れ替えると、半円になる。（3）においては、①を②へ、③を④へ移すと4分の1の扇形二つになるので、実はこちらも求める面積は、半円に相当するということが判明するのである。

従って、求める面積は以下のようになる。

（2）円や扇形の面積の算出に必要なのは半径であるから、まず円

(2)

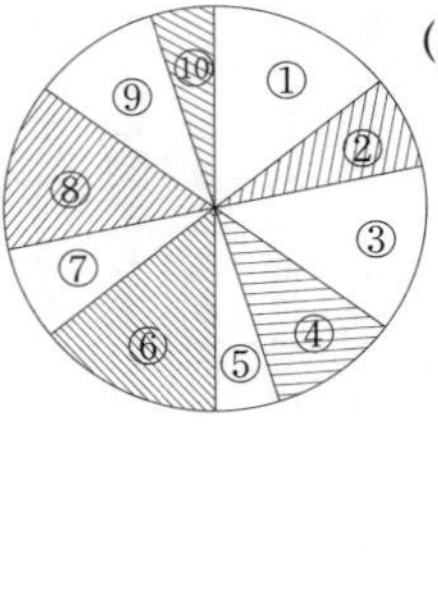

(3)

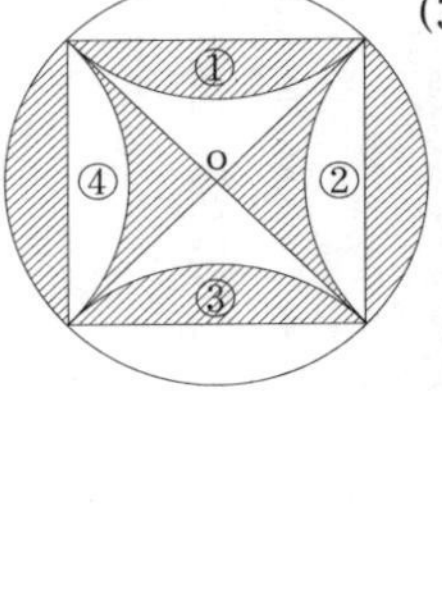

の半径を求める。扇形の周の長さの合計があたえられているので、そこから半径を算出する方法を考える。形の異なる扇形5個の直線部分は、それぞれ半径に相当するから、直線部分の長さの合計は半径10本分である。また曲線部分は円周の半分に相当する。したがって図で示された斜線部分の周囲は、半径×10＋直径×3.14÷2である。題意より、扇形の周の長さが78・84cmであるから、

半径×10＋直径×3.14÷2＝78.84

直径は半径×2であるから、

半径×10＋(半径×2)×3.14÷2＝78.84

半径×(10＋3.14)＝78.84

半径＝78.84÷13.14＝6cm

よって半円の面積は6×6×3.14÷2＝56.52cm^2

(3) はすでに半径の長さが与えられているので、

10×10×3.14÷2＝157cm^2

小学校高学年の11～12歳で迎える形式的操作期の段階を経ると、人の能力は基礎的完成をみると先に述べた。中学受験で問われている能力因子は、所謂「お受験」で問われていた因子とは、問われている本質は同じだが、問われ方は大きく違う。

すなわち、具体的場面から離れて、抽象的に思考するという、知能の本質ともいうべき論理的思考能力が問われる段階に入っているのである。

この段階では、受験者には、問題に対し、目的的に行動し、合理的に思考し、かつ能率的に眼前にある環境に対処することが要求されているのである。

さて、形式的操作期に入ると、子供も、大人同様の論理的思考力を発揮することは先に述べた。すなわち、この時期に足を踏み入れた子供は、現実に基づいて考えるのみならず、頭の中で組み立てた可能性を考えることができるようになるのである（仮説演繹的思考）。

しかし、それは本当だろうか。その例証として次の東大入試問題を検討材料としてみていくことにする。実はこの問題を私の知人の中学1年生が見事に解いたのである。

東京大学の入試問題

以下に紹介するのは東京大学の入試で出題された生物の問題で、いずれも動物の行動に関するものである。いうまでもなく東大の入試は大学入試でも最難関であり、幅広い知識や高度な学力が必要とされる問題が数多く出題される。しかし、興味深いことに東大では、考える力さえあれば中学生、あるいは小学生でも解けるような問題が時々出題されることがあるのだ。ただしそれは問題の難易度が低いという意味ではない。出題者の意図を推測すれば、東大では受験のための知識、さまざまな公式や数式の暗記を見ようとしているのではなく、本当の意味での考える力、本質的な意味での能力を測ろうとしていると思われるのだ。

では、実際の問題を見ていこう。

問題4　次の文1〜3を読み、(Ⅰ)〜(Ⅲ)の各問に答えよ。

(文1)　大きな集団を作って繁殖するセグロカモメについて、次のような観察結果を得た。

つがいは、それぞれ他のつがいから一定の距離を保って巣をつくり、ふつう3個産卵し、雄と雌が交代で抱卵する。卵殻の色は灰褐色で斑紋があり、周囲の色彩にとけこんで目立たないが、卵殻の内側はまっ白である。孵化すると、(ア)親は巣から卵殻を取り除く。(イ)親は自分の卵と、同種の他個体の卵とを区別できず、孵化直後にはひなを区別できない。しかし、ひなを孵化後3日間自分の巣で育てると、そのひなを他のひなから識別できるようになる。他のつがいのひなが自分の巣やなわばりに入ってくると、親は追い払うか、殺す。

（文2）厚紙でタカの模型を作り、空中に張った針金の上を一定の方向にすべらせ、地面にいるアヒルやガチョウにそれを見せて、反応を調べた。
（1）孵化後まもないアヒルのひなに、タカの模型を見せると、すぐ茂みの中にかくれた（以下、これを逃避反応とよぶ）。
（2）孵化後まもないガチョウのひなは、タカの模型を見せても逃避反応を示さなかった。
（3）孵化後まもないガチョウのひなが親と一緒にいるときは、親が発する警戒音を聞いて逃避反応を示した。
（4）タカの模型をくり返し見せながら、それと同時に親の警戒音を聞かせて育てたガチョウのひなは、孵化後3週間たつと、タカの模型を見せただけでも逃避反応を示すようになった。
（文3）虫食性の魚であるトウギョの一種をガラスの水槽で飼育し、次の実験を行った。水槽の片隅に餌場をつくり、その背後（水槽の外）に、回転する円板を取り付けた。円板は灰色のもの（円板A）と、白と黒の扇形模様に塗り分けたもの（円板B）を用いた（下図参照）。円板Aが回転しているときには、トウギョに自由に餌を食べさせたが、円板Bがゆっくりまわっているときにトウギョが餌を食べようとすると、軽く頭をたたいた。（ウ）

すると、トウギョは円板Bが回転しているときには、餌に近づかなくなった。

円板Bを次第に速く回転させると、人間の観察者には、円板Aと区別できなくなったが、トウギョはやはり餌に近づかなかった。（エ）しかし、さらに速く回転させると、トウギョは餌に近づこうとした。

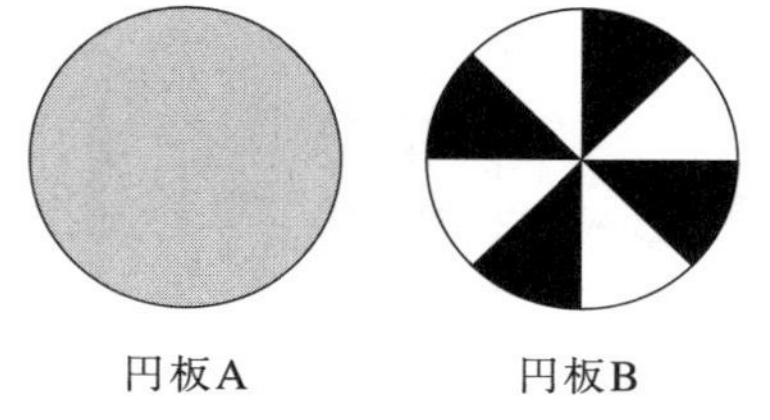

（Ⅰ）文1について。

A　傍線部（ア）の行動は、セグロカモメにとってどのような利益があるか。20字以内で記せ。

B　傍線部（イ）の事実を明らかにするためには、どのような実験をすればよいか。30字以内で記せ。

（Ⅱ）文2について。

A　孵化後まもないアヒルのひなの逃避反応は、何という行動か。

B　（2）、（3）、（4）の結果にもかかわらず、タカの模型に対するガチョウのひなの逃避反応が条件反射によるものでないことが知られている。どのような実験をおこなえばこれを示すことができるか。40字以内で記せ。

(Ⅲ) 文3について。

A 傍線部(ウ)のような現象を、何とよぶか。

B 傍線部(エ)で、なぜトウギョは餌に近づこうとしたか。20字以内で記せ。

C トウギョとヒトの視覚の相違について、この実験からどのようなことがわかるか。30字以内で記せ。

D トウギョの視覚能力は、その採餌行動にどのような関連をもつと考えられるか。20字以内で記せ。

(東京大学 生物 1987)

問題を読むと非常に素直な構成との印象である。特にひねったところもなく、ストレートな問題で本質的な能力を見るには好適であると思われる。問題の狙いは推理能力を測るものと思われるが、専門分野の知識が必要なわけではないので優秀な小学生高学年なら十分解答可能だろう。

さて、(文1)はセグロカモメの繁殖期の行動に関するものだ。まず、セグロカモメは大きな集団をつくって繁殖するが、その巣は他のつがいの巣から一定の距離を保ってつくられる。つまりそれぞれにテリトリーがあるということである。卵は外側が灰褐色で斑紋があり、周囲の色彩にとけこんで目立たない、というから保護色によって外敵から卵を守っていることがうかがえる。ただし、卵の殻の内側は白い。

　そこで問（Ⅰ）Aである。ひなが孵化すると親は卵殻を巣から取り除く、この行動はセグロカモメにとってどんな利益があるか。卵の外側が保護色になっているのに対し、内側が白いということは、孵化したあとの卵殻が巣の中に放置されていれば外敵の目にとまり、格好の目標となりやすい。つまり、ひなが襲われる危険性が高くなるということである。したがって、内側の白色が見えている卵殻を巣から取り除くことで外敵からひなを守る利益があると推理されるのだ。

　次の問（Ⅰ）Bも、推理力によりひとつの仮説が形成できるかどうかが問われている。セグロカモメの親は自分の卵とほかの親が産んだ卵を区別できない、さらに孵化直後には自分のひなの区別さえできない。ただし、3日間子育てをすると他のひなと識別できるようになる、というのである。それでは、その事実を確認するにはどんな実験をすればよいのだろうか。これは（文1）の最後の記述、他のつがいのひなが自分のなわばりに入ってくると親は追い払うか殺す、という行動が、推理の手掛かりになる。

　つまり、抱卵中の卵を他の個体の卵と入れ替えてみて、それでも抱卵を続けていれば、卵の区別ができない証明になるだろう。同様にひなのケースも、ある時期に他のひなと入れ替えてみて、追い払ったり殺したりしない期間が区別のつかないときといえるのだ。（文2）はアヒルとガチョウがタカの模型を見たときに見せる行動についての問題である。

まず問題を整理してみよう。どんな問題にもいえることだが、書かれている内容を同質なもの、異質なものに分類・整理して理解することはたいへん重要なポイントである。同一性の発見や集合（全体と部分）という能力が発揮される局面なのだ。

まず、アヒルのひなは孵化後まもない時期でもタカの模型を見ると逃避反応を見せる。孵化後まもなくということは、親や仲間の行動を真似てあるいは学習して反応しているのではないということである。

一方、ガチョウのひなはタカの模型を見ても逃避反応を示さない。ただし、親が警戒音を発すると逃避する。また、タカの模型を見せながら親の警戒音を聞かせて育てると、3週間後にはタカの模型を見せただけで逃避反応を示すようになるというのだ。整理は以上である。

そこで問（II）Aだが、アヒルのひなの逃避反応は体験や学習によるものではないので、本能行動ということになる（これは本能という言葉ないし概念を知っているかどうかの知識問題だから、あるいは小学生レベルでは難しいかもしれない）。

問（II）Bはガチョウのひなの行動に関するものである。ガチョウのひなはタカの模型を見せても逃避反応を示さなかった。ただし、親の警戒音が加えられると逃避する。さらにタカの模型を見せるたびに親の警戒音を聞かせながら育てると3週間後にはタカの模型を見ただけで逃避反応を示す。

ただしこれは条件反射ではないという。それを確認するにはどんな実験をすればよいのだろうか。警戒音という条件を与えられていなくとも、孵化後3週間たったガチョウのひながタカの模型を見て逃避反応を示せば、警戒音という条件による反応ではないことが証明できる。

（文3）は虫を食べるトウギョの一種を使った実験で、極めて簡単な問題である。優秀な小学生であれば十分解答可能だろう。

問題を整理すると、灰色の円板Aが回っているときにはトウギョに自由に餌を食べさせる。一方、白黒に塗り分けた円板Bがゆっくり回っているときに餌に近づくと、トウギョの頭をたたく。すると円板Bが回っているときは餌に近づかなくなった、というのである。これは円板Bが回転しているときに餌に近づくと不快な（痛い）ことになると、トウギョが学習した結果であると推理できる。したがって、問（III）Aは学習による行動ということになる。

次に円板Bの回転を速くしていって、人間の目には灰色の円板Aと区別が付かない状態でもトウギョは餌に近づかない。これは、白と黒に塗り分けた円板を速く回転させると残像によって二つの色が混じった灰色に見えるわけだが、人間には灰色に見える回転スピードでもトウギョには白黒に見えていると推測しうる。なぜなら、白黒に見えている間は頭をたたかれるので餌に近づこうとしないはずだからである。すると問（Ⅲ）Bのさらに回転を早くすると餌に近づこうとしたのはなぜか、の答えは回転を更に早くすることでトウギョにも円板Bが円板A同様に灰色に見えてきたからとなろう。

問（Ⅲ）Cのトウギョとヒトの視覚の相違は、トウギョのほうが速い回転速度に対応できるわけだから、ヒトに比べ動体視力が優れているということになる。

問（Ⅲ）Dはその優れた動体視力と餌を採る行動の関連を問いかけている。（文3）の冒頭でトウギョは虫を食べる魚であるといっている。するとトウギョの視覚能力は虫の素早い行動を捕捉し、確実に餌を捕らえるために有効であることが推理できるだろう。

以上のことを解答として整理しておこう。

（問Ⅰ）

A　白色を消し、巣やひなを目立たなくする。（19字）

B　それぞれの時期に、他のつがいの卵やひなと交換する。（25字）

（問II）

A　本能行動

B　警戒音を全く聞かせずに育てた孵化後3週間のひなに、タカの模型を見せてみる。（37字）

（問III）

A　学習

B　円板Bの回転が速くAと同一に見えたため。（20字）

C　ヒトよりもトウギョのほうが素早く細かい動きが識別可能である。（30字）

D　俊敏な虫を識別し、餌として捕獲できる。（19字）

東大の入試問題と言うと、日本の超難関大学ゆえ、難問ばかりが出題されていると考えられがちだ。しかし実は、そうとも言い切れない。右に示した生物の出題のように、むしろ本質的な能力を探る出題もなされているのである。実際、こんな出題も過去になされている。

問題5　次の4コマ漫画がつじつまの合った話になるように2、3、4コマ目の展開を考

1

2

3

4

（東京大学　1997　一部改変）

え、後掲の1コマ目の説明文にならって、2、3、4コマ目に対応する説明文をそれぞれ書きなさい。
注意1　吹き出しの中に入れるべき台詞そのものを書くのではない。
注意2　1コマ目の説明文同様、直接話法を用いないこと。
1コマ目の説明文：スーザンの父が新聞を読んでいるとき、父は彼女がご機嫌な様子で出かける準備をしているのに気がついた。そこで、父は彼女にどこへ出かけるのか尋ねた。

この問題を見て不思議に思われた読者も多いことだろう。しかし、これは、実際に東大の英語の入試問題として出題されたものである。問われている能力因子を明確にするために、英文の部分を日本語に著者が改変しただけである。

ここで問われているのは、時系列的変化を推理する能力、そして、直接話法をひとたびフィルターを通して間接話法にする言語的な能力である。

具体的には、1コマ目で父が「ご機嫌だね、スーザン、どこか出かけるのか?」と尋ねているわけだから、説明文の文例にならって、以下は間接話法に変換し、

「スーザンは、トムと映画を見て食事をする約束があることを父に語った」

「夕刻、父が、グラスを傾けていると、うかない顔でスーザンが帰宅した。父はスーザンに、デートは楽しかったか尋ねた」

「スーザンは父に、映画はとても面白かったけれど、その後の食事がひどかったと嘆いた。トムが彼女にごちそうしたのは、牛丼だった」

というような流れで推理し、4コマを構成すれば良いわけである。

これは、何も難解な英語を駆使する場面ではない。ということは、中心的に問われているのは、やはり、提示された場面と与えられた一つの会話から、その後に続くものとして妥当性のある状況を推理して説明文を構築する能力なのである。

第1章ではこの種の話は触れないですませたが、実は、主として推理能力を測るこの種の問題は、お受験では、「お話づくり」という類型で頻出なのである。

形式は様々であるが、海、浮き輪、水筒、デパートといった4枚の絵カードを順番に並べてお話を作る（学習院）や、「リレーのバトンを持った女の子が走っている。ところが前方の地面に穴があいている。さて、この後、どうなるかお話しして下さい」（青山学院）などという形である。

絵に描かれたメッセージを読み取り、一つのストーリーを構成するという点では、小学校入試も東大の英語入試も同じ構図の問題と言える。

東京大学が問うているものは、いわゆる詰め込み型の知識の量ではなく、人間本来に備わっている論理的思考力の成熟度なのではなかろうか。

先に、ピアジェの形式的操作期（11歳〜）に足を踏み入れると、人は純粋に論理的な関係のみを頼りに推論が可能となることについて述べた。論理的思考力の根幹部分はこの段階で形成される。

逆に言うと、おおむね11歳以降は、将来専門的な思考の方法が必要とされる段階に至るまでは、論理的思考力の成長のプロセスで見た場合、同じ段階に属すると考えられる。

中学、高校、大学とステージが上がるにつれ、例えば科目は細分化され、出題形式にも変化が生じる。答えを導くための知識の種類も多様化し、試験をクリアーするために必要な知識の量も増えていく。しかし、問われ方、問われるポイントには、中学から高校、大学入試に通底する事柄が潜んでいる。それが、形式的操作期以降に特徴的な、「純粋に論理的な思考力」なのである。

本書の第1章でとりあげた小学校入試では、能力因子は萌芽の状態で、出題も具体的な事物と結びついているような題材が中心であった。

ところが、ひとたび壁を乗り越えある領域に足を踏み入れると、その先は、純粋に論理的な思考力を試す世界が広がっているのである。

確かに、中学入試の問題と東京大学の入試問題には、見かけ上は差異があるように映ることだろう。しかし、それらの問題は基本的能力因子にまで細かく分解していくことができるのである。解答に要する論理的思考力は、基本的な能力因子が組み合わされたものと考えることができる。思考のレベル差は、組み合わせの複雑さの差になる。したがって七つ目の能力因子である「因子順列能力」の重要度が飛躍的に高まってゆく。だが、二つの前提と七つの能力因子の根本的な性質は、同一のものである。

本章において、中学、大学の中間に位置する高校入試を省略し、中学入試から、いきなり東大入試の検討に飛んでいるのは、以上の考え方を背景としたものである。

〈コラム〉推理能力は、能力因子の王様？

1998年の麻布中学の入試で、以下のような問題が出題された。

「人ばかりでなく、動物の精子と卵が結びつくときは、大きな卵（卵子）のところまで小さな精子が泳いでいきます。卵の方がほとんど動かないことの良い点を説明しなさい」

なかなか良い問題である。

私はこの問題を知人の医学部の学生に試しに出題してみたところ、「卵子と違い、精子は多量に放精される。卵子へ向かい、そのうちの一匹のみが受精に成功するため、種の存続の観点から、より優越的な精子の遺伝子が担保されて良い」というような答えが返ってきた。

少々ピントはズレているが、確かにこの解答は、全く落第点とは言えまい。

しかし、出題者の意図からは、やはり片面的な解答でズレていることになる。

確かに受精は、精子の運動にゆだねられている。そして、その多量の精子の中から選ばれた一匹のみが卵子と受精可能なのであるから、受精する精子はエリートの精子とも言える。が、このケースで卵子も動いていたとしても、多量の精子の中から、一匹が選別されるということは可能なのである。

そこで、主体を、卵子のほうに向けると、受精によって、発生開始の合図を受けた受精卵（fertilized egg）が、その後どういう行動をとるかを考えてみると良い。

受精卵は勿論、その後、卵割をして成長していくのである。具体的には、まず受精卵は2個に分裂し、次に4個に分裂し、そして8個に分裂する……という具合にである。これには当然のことながら、エネルギーがいる。だから、卵に含まれている栄養を受精後の分裂・成長のためだけに温存しておく必要性が出てくる。これが正解である。

これなどは、東京大学の入試問題に出題されても不思議ではないような良問と言えよう。

第3章 企業採用テストと国家公務員I種試験問題から社会人に求められる職業能力を考える

採用テストで見る企業が求める人材

企業の最大の財産は人材であるといわれる。優れた能力を持った人材の確保が企業成長の鍵になるのだ。しかし、一方で学生時代の成績やそこで学んだ知識は、実社会では役に立たないともいわれる。それもまた、一面の事実であろう。では、学業の成績や知識の量以外に、企業が求める人材の尺度とはどんなものだろうか。結論を先にいってしまえば、第1、2章で見てきた能力因子が高い人ということになる。換言すれば、本来的な意味での論理的思考能力に優れている人こそ企業が求めている人材であるといえよう。そうした人材を判別するため多くの企業が実施しているのが採用テストである。

採用テストといえばリクルート系のHRR（旧人事測定研究所）が発行・販売しているSPI（Synthetic Personality Inventory－総合能力適性検査の意）がその代表格である。かつては企業の採用テストはほぼ100％SPI能力検査という時代があったが、現在は多種多様なテストが開発されSPIのシェアは40％程度といわれている。しかし、内容が類似のテストも多く、SPIの能力検査が採用テストの主流であることには変わりはない。したがって、そのテストの内容を検討・分析してみれば企業がどんな能力を持った人材を求めているかが見えてくるはずである。本章の前半ではSPIに加えコンピュータ業界で多く採用されているCAB《キャブ》の問題を分析することで、民間職業人として必要な能力因子を解明していきたい。

SPIはどんな能力を測っているか

私も学生時代にSPIを受けたことがある。あれは、何とも不思議な感じであった。ある企業の面接を受けたところ、2~3日して一枚のハガキが家に届いた。「○月×日△時に、ご来社下さい。持参するものは筆記用具のみです」。そのハガキには、このように書かれていた。

指定された日時にその社を訪ねると小さな会議室に通された。机の上には、数十ページの問題用紙が置いてあった。問題用紙には封がしてあって指示があるまで開封してはいけないとの注意書きがあった。時間が来て封を開けると、見たことのないような問題がズラッと並んでいる。一種の知能検査風の内容であった。そして、これは一体何のための試験なのだろうか、といぶかしい気持ちを抱いたことを覚えている。

1970年代の終わり頃と言えば、他の受験者も、この検査の意味、目的についてほとんど理解していなかったと言って良い。

勿論、当時は現在のようにSPIの対策本なども存在しなかった。情報が何ら提供されていなかったのである。

SPIの正体とも言うべき概要が、概説書で明らかになったのは、それからおよそ15年を経た1990年代の初頭になってからである。その後、その概説書とは異なる視点でSPIの全パターンの解法を分析し、速く解くコツを解説した対策本を日本で初めて書いたのが、実はこの私なのである。

SPIの出題範囲は多岐にわたり問題数も多い。試験の概要を簡単に紹介すると、能力検査と性格検査に分かれている。能力検査は検査Ⅰ（言語系）と検査Ⅱ（非言語系）に大別される。問題数は検査Ⅰが30分、40問、検査Ⅱが40分、30問。つまり、検査Ⅰなら1問を1分弱、検査Ⅱなら1問、1分強で解かなければならない。これは問題を読み終わった瞬間に解答への道筋が見えていなければならないということである。じっくり考えている余裕はないのである。このことからも企業が求めている職業能力がどのようなものか、その一端は見えてくるだろう。

SPIの問題をパターン化し分析した結果、この検査が測定しようとしている能力因子を私は次のように類型化してみたことがある。①数的処理能力、②抽象化能力、③言語理解能力、④判断・推理能力、⑤記憶能力。
①数的処理能力とはベクトルと力の均衡、図表の読み取り、確率、順列・組み合わせと

いった数学的思考能力である。②抽象化能力は具体的次元の課題を数式やグラフなど抽象的次元に置き換えて処理する能力。③言語理解能力は対比語や類似語、長文読解の能力をいう。④判断・推理能力と⑤記憶能力については文字通りの意味と理解していただきたい。

ＳＰＩが測定しようとしている能力因子をこのように類型化してみると、これまで述べてきた七つの能力因子との関係が明らかになってくるだろう。すなわち、「能力の系統樹」のイメージでいえば数的処理能力という枝は主に比較、集合などの諸能力因子の数学的側面での発展形といえるし、抽象化能力は文字どおり抽象能力と結びついている。言語理解能力では対比語や類似語については集合（全体と部分）、長文読解では整理・要約能力が基礎となっている。

それでは、ＳＰＩの典型的な問題とその解法を検討しながら、入社試験で求められている職業能力とは何かを分析していくことにしよう。尚、ここに示した問題は、ＳＰＩを実際に受検した私の教え子からの情報をもとに本物に限りなく近い形で再現したものである。

	「アンネの日記」	「罪と罰」
読んだことがある	415	279
読んだことがない	385	521

SPI能力検査・非言語検査（数理能力の検査）

問題1　800人の生徒にアンケートを行い上の結果を得た。

「アンネの日記」、「罪と罰」の両方を読んだ人が153人いた。両方とも読んでいない人は何人か。

A　231人　B　259人　C　282人　D　305人　E　327人　F　341人　G　その他

これはまさに集合、全体と部分の問題である。こうした関係を理解するには、ベン図を用いるのが便利である。「読んだことがある」、「読んだことがない」、「両方読んだことがある」というそれぞれの集合の関係が直感的に理解できるだろう。

この図において左側の円は「アンネの日記」を読んだことがある人、右側は「罪と罰」を読んだことがある人、二

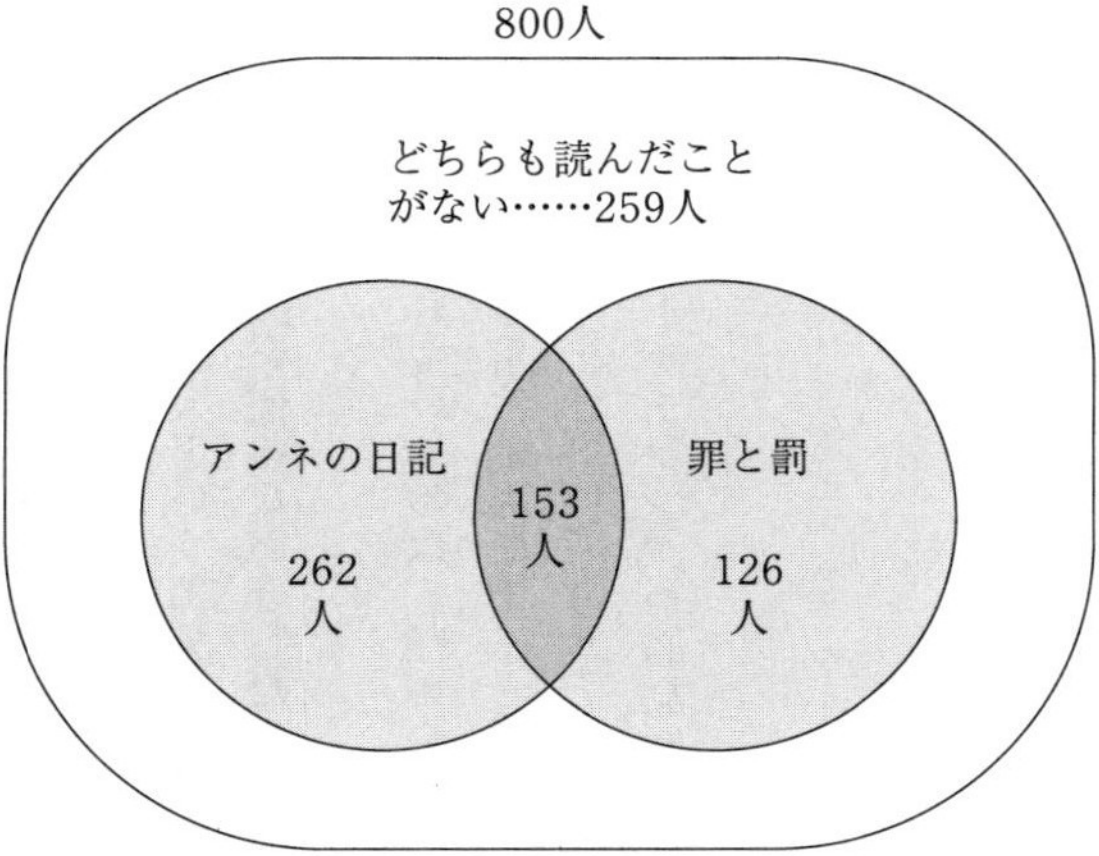

つの円が交わる部分は両方読んだことがある人を示している。両方読んだことがある人は153人と分かっているので、交わる部分に153と書き入れてみよう。すると当然のことながら左の円の色の薄い部分、つまり「アンネの日記」は読んだが、「罪と罰」は読んでいない人は415－153で262人となる。同様に右側の色の薄い部分は279－153で126人である。これは、「罪と罰」は読んだが、「アンネの日記」は読んでいない人を表している。すると「アンネの日記」のみ、「罪と罰」のみ、「両方」読んだ人の合計は262＋126＋153＝541人となる。

アンケートの総数は800人だから、800－541＝259人が両方とも読んだことがない人ということになる。すなわち答えはBとなる。

ベン図を使うと、800人という全体に対して「アンネの日記」だけを読んだ人が262人、「罪と罰」だけを読んだ人が126人、両方読んだ人が153人、両方とも読んでいない人が259人という部分の関係が一目瞭然に理解できる。

もし、ベン図を使わないとしたら計算式の羅列になり、答えを短時間に導き出すのは極めて難しいだろう。

ここで問われているのは、与えられたデータを整理・分析しそのデータが語っているものの意味を読み解く能力であると思われる。

データはあくまで素材でありその内容をどう汲み取るかで初めて実際の企業活動に役立てられる。マーケティングや商品開発などでは、特にこうした能力が必要とされるだろう。

問題2
（1）次の2点を結ぶ直線はa～eのどの条件に対応するか、該当する組み合わせを選びなさい。

次のような条件で花束を作りたい。

a. バラは6本以上とする。

b. バラは12本以下とする。

c. かすみ草は2本以上とする。

d. バラはかすみ草よりも多い。

e. バラとかすみ草を合わせて16本以下とする。

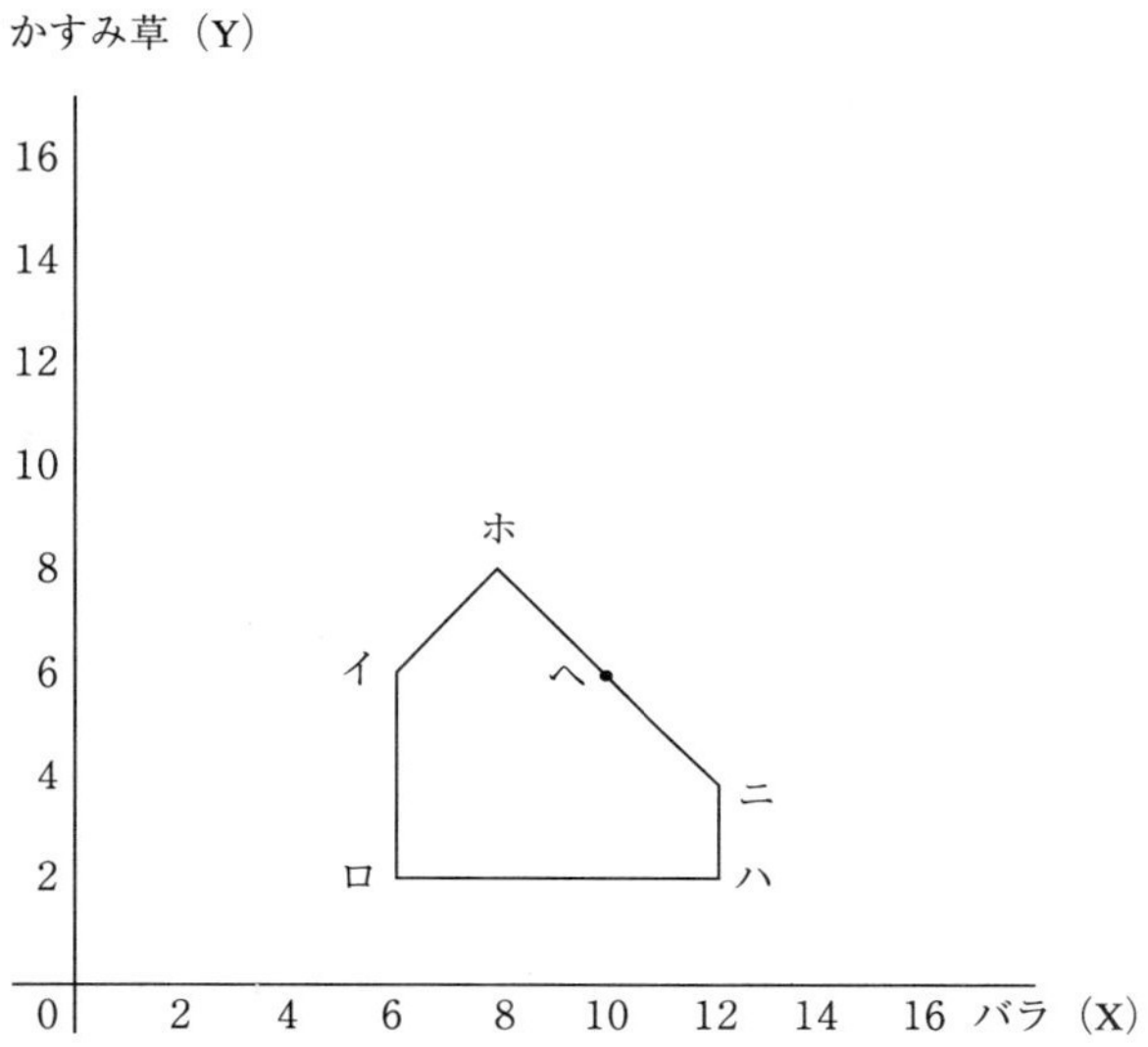

	イとロ	ロとハ	ハとニ	ニとホ	ホとイ
A.	a	b	e	c	d
B.	d	e	b	c	a
C.	a	c	b	e	d
D.	d	e	b	a	c
E.	a	c	d	e	b
F.	c	d	a	e	b
G.	該当なし				

この問題はかなりの難問である。長い間、文系の学生がもっとも苦手とするジャンルの一つであった。まず、これが一次不等式で表された制限条件の中で目的の達成度を最大にする〃最適な方法〃を求める数学的技法「線形計画」の基本問題であることに気が付かない人も多いのではないだろうか。本章の目的は問題の解法の解説ではなく、試験問題に見られる能力因子と職業能力との関係を考察することにあるので専門的な解説は避けるが、要はこの問題に示されている具体的数値をもとに、一次不等式の領域を表現（図示）できねばならないのである。

設問の図を見ると、バラがX軸、かすみ草がY軸になっているXY平面であることに気づかれるだろう。では、XY平面上に描かれたイ～ホの変形したホームベースのような図形が何を意味するか見ていくことにしよう。花の本数をバラ＝x、かすみ草＝yと表す。そして、与えられた条件を不等式に直すと左のように表現することができよう。

a．バラは6本以上ということは、
　$x \geqq 6$（6以上とは6を含む）
b．同様に$x \leqq 12$
c．かすみ草は$y \geqq 2$
d．バラはかすみ草よりも多いのだから、$x > y$
e．バラとかすみ草は合わせて16本以下だから、$x + y \leqq 16$

以上をXY平面上に表現すると、aの$x \geqq 6$とはX軸上の6、すなわちグラフで言うとイ－ロの直線より右の領域ということになる。さらに、bの条件$x \leqq 12$を加えると、aとbの条件が示す領域はX軸の6から12の間ということになる。グラフでいうと、イ－ロより右、ニ－ハより左の領域である。また、cでは$y \geqq 2$なのだから、Y軸上は2以上で、グラフでいうとロ－ハより上の領域を指すことになる。

次にdの$x>y$は、まず$y=x$のグラフを描いてみる。この一次関数の場合、$y=1$のときxも1、$y=2$のときはxも2であるから、このグラフの形状は、原点を通り、右斜め45度の線ということになる。つまりグラフではイ－ホに相当する。では、$y<x$の表わす領域はこの線の上部なのか下部なのか。

それを確かめるには、例えばX軸の6という点を代入してみれば良い。$x=6$、$y=0$で$y<x$を満たしている。そして、そうであればそれは該当する領域ということになる。したがって直線$y=x$から下の部分がその領域であることが分かる。

最後の条件eは$x+y\leqq 16$だが、これは移項すると$y\leqq -x+16$と整理できる。グラフに表すため$y=-x+16$の直線の方程式にすると$x=0$のとき$y=16$、$y=0$のとき$x=16$となるからホ、ニを含む線が得られる。さらにその領域が上下どちらにあたるかは、$y=0$を代入してみればよい。すると左下部がその領域であることが分かる。結論として、問題のグラフで与えられているように、ホームベースのような五角形の内側、すなわちイ～ホで囲まれた図形の内側が条件a～eを満たす領域ということになる。

そこで問題だが、イとロを結ぶ直線はxが6以上であることを示しているので条件aに対応している。ロとハはyが2以上という意味なので条件cに対応。ハとニはxが12以下

問題3　図1のような規則が決められている。

図2において、QはX、Z、W、a、b、c、d、eを使ってどのように表せるか。

A．Q＝a(bX＋cZ)＋dW
B．Q＝aX＋cZ＋dW
C．Q＝aX＋e(Z＋W)
D．Q＝(a＋b)X＋(c＋d)(Z＋W)
E．Q＝(a＋b)X＋(c＋d)eZ
F．Q＝abX＋cd(Z＋W)
G．Q＝abX＋c(d＋e)Z
H．Q＝abX＋e(cZ＋dW)

まず、与えられた規則の法則性が理解できねばならない。法則の発見は第1章で述べた推理能力の発展形である。また、具体的な記号を式に変換していくには抽象能力が必要になる。

ここで与えられた規則は矢印の始点Xと終点Yの関係にあり、XがYに変化する比率a

が介在するということである。つまり、終点＝（始点）×（比率）という関係が読み取れれば良い。Z＝abXとなるのは、まず、Z＝bYであり、そのYにaXを代入しZ＝abXとなっているだけである。これが始点と終点が水平の矢印で結ばれている場合の規則である。

次に始点と終点が斜めの矢印で結ばれているときは、それぞれの積の和が終点になる。

そこで図2のQを表す式を求めるわけだが、これを解くには大きなポイントがある。

このタイプの問題は若干難易度が高く、多くの人が苦手にしている。が、それは、苦手にしている人の大半が正直に最初のX、Yの関係から始めて問題を解こうとするからである。それでは迷路に入り込んだようなもので、出口の見えぬまま時間だけが過ぎていってしまうだろう。

ここはまず、一番右側の、すなわち終点のQに着眼するのがポイントである。これを見抜くには関係式全体の中でどこが一番キイとなるかの直感的着眼能力が必要となる。

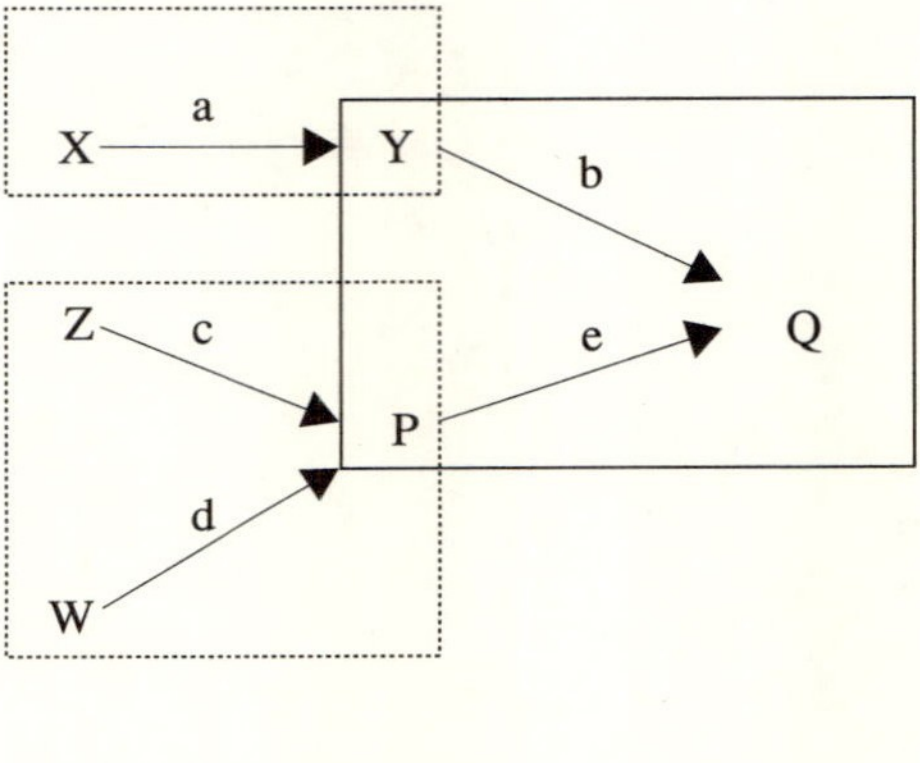

解答や結果まで一息に思考の筋道を構築するのが難しいような、複雑な問題を考える場合には、まず問われていること、答えに近い部分に着目し、そこから少しずつ逆算的に考え方の筋道を通してゆくのが、セオリーと考えてよいだろう。後は規則どおりに手順を進めてゆけばよい。

Q＝bY＋eP・・・①

Y＝aX・・・・・②

P＝cZ＋dW・・・③

となり、①に②、③を代入すれば、

Q＝abX＋e（cZ＋dW）

となり、答えはHとなる。

解答への正しい道筋を示されれば、特に難しい問題ではない。使うのは足し算と掛け算だけである。このことからも、この問題が数学の専門知識を要求しているのではなく、思考力を測っているのがわかるだろう。

問題4は、一見したところでは小学校受験で「魔法の箱」と呼ばれていた問題のようだが、SPIレベルでは「ブラックボックス」という名称で呼ばれている。この問題も正直な人（数学的センスのない人ともいえるが）は、一つ一つ数字を当てはめ、結局時間の無駄遣

問題 4　正の数、負の数を信号として入力したとき、以下のような規則で変化させる装置がある。

〈P 型〉入ってきた 2 つの信号を加える。　　例）

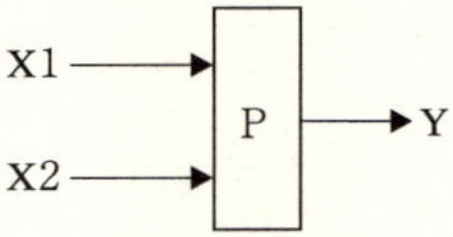

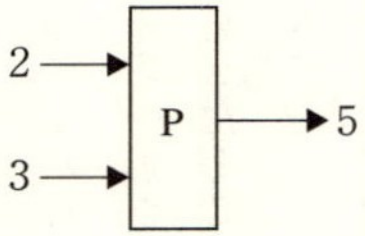

〈Q 型〉入ってきた 2 つの信号をかける。　　例）

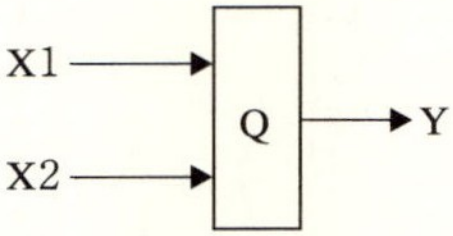

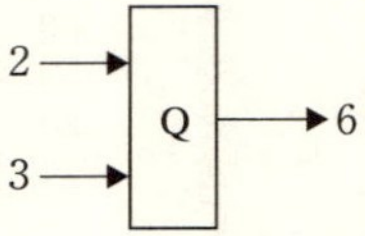

これらの装置をつないで、図のような回路を作った。入力信号X1、X2、X3、X4の組み合わせアからウのうち、Y=0 となるのはどれか。

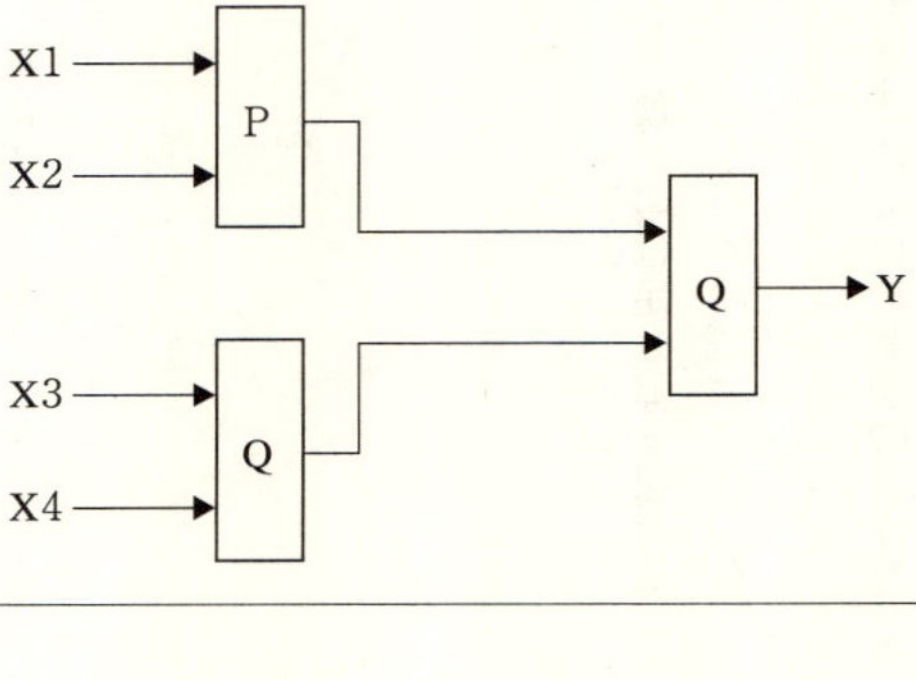

	アの場合	イの場合	ウの場合
X1	1	0	−2
X2	2	2	2
X3	−3	−2	1
X4	0	−3	2

A　アだけ　B　イだけ　C　ウだけ　D　アとイの両方　E　アとウの両方　F　イとウの両方　G　アとイとウのすべて　H　ア、イ、ウいずれも0にならない

いをしてしまいそうだ。

解法のポイントは二点。与えられた規則を正確に理解すること、そしてやはり、Yの直前にあるQのボックスに着眼することである。

Q型のボックスは入力される二つの信号をかけるのであるから、入力される信号のどちらかが0であれば、当然Yは0になる。つまり左のボックスP、Qのどちらか、あるいは両方が0になればよいのである。Pは足し算だからX1＋X2＝0であり、「ウの場合」の－2＋2＝0が該当する。次にQは掛け算だからX3×X4＝0であり、「アの場合」の－3×0＝0が該当する。したがって正解はEのアとウの両方となる。

ポイントは0にどんな数字をかけても0であるという、かけ算の常識だけなのである。

逆に言えば、これを計算能力の問題と認識することほど的外れなことはない。そうではなく、与えられた条件（規則）を正確に把握し、推理能力や、問題解決の最優先事項が何であるかを考える直感的着眼能力を統合的に駆使して、迅速に解答を導く問題処理能力の高さが問われているのである。

学校教育では論理力そのものを練磨する目的から、多少時間はかかっても論理を着実に積み上げていき結論に達するという思考方法が評価される。

しかし、日々流動し、価値基準さえ一定不変とは限らない現実を相手にしている職業人にとっては、その場の状況を的確に判断し、最も効率的な問題処理を行える能力が極めて重要になるのである。

SPI能力検査——言語能力

言語系の検査で問われる能力は非言語系に比べ知識量が物を言う。しかし、知識を体系化し職業に有用なものにするためには比較や集合（全体と部分の関係把握）能力が必要になることはいうまでもない。

また、ここでは触れないが、文献や資料を読み解くいわゆる長文読解には推理能力や要約能力が求められる。さらにいえば、非言語能力の解説で何度かくり返し指摘したことだが、設問の正確な理解ないし把握が解答への第一歩になるわけで、その意味では言語能力はすべての基礎を担っていると言えるだろう。

　言語能力検査に出題されているのは言葉の対比関係、類似語（意味が近似している語の選択）、言葉の解釈、長文読解といったパターンの問題である。

　ここではSPIの言語能力検査として、最も始原の能力を見ていると考えられる代表的な問題をとり上げよう。

問題5　次の語句と語句の関係が最も適切なものを選びなさい。

1. 水銀─金属
　布団
　A. 保温
　B. 睡眠
　C. 和室
　D. 寝具
　E. 羽毛

2. ヨーグルト─牛乳
　ビーカー
　A. 理科
　B. ガラス
　C. 容器
　D. フラスコ
　E. ビン

3. 刃物―切断
温度計
A. 気象
B. 上昇
C. 測定
D. 計器
E. 気温

4. 明るい―暗い
穏健
A. 先鋭
B. 猛烈
C. 過激
D. 物騒
E. 強力

5. 水彩画―美術
SF
A. 未来
B. 短編
C. 小説
D. 宇宙
E. 雑誌

6. 鉛筆―筆記
そろばん
A. 算数
B. 商売
C. 教材
D. 計算
E. 文具

所謂、言葉の対比関係と言われる出題である。すなわち、設例をx：yとした場合、x：y＝z：wの関係になるようにwを特定する作業をするわけである。

以下に略解として解説をしておこう。

1.「水銀—金属」の関係は部分と全体の関係である。すなわち金属という大きなカテゴリーの中に水銀が一つの金属として含まれている。すると布団を含む、より大きなカテゴリーを選択肢から探せば良いことになる。答えはDの寝具である。

2.「ヨーグルト—牛乳」は製品と原料という関係にある。ビーカーの原料はBのガラスとなる。

3.「刃物—切断」の関係は道具とその用途である。温度計の用途はCの測定である。

4.「明るい—暗い」は反対語の関係にある。穏健は穏やかなさまを意味する言葉だから、対比するとCの過激が適当である。

5.「水彩画—美術」は1と同様、部分と全体の関係を形成している。すなわち、美術という集合の一要素として、水彩画が包含されているのである。SFは小説という大きなカテゴリーの中の一ジャンルであるから、答えはCということになる。

6.「鉛筆—筆記」は3と同じく道具と用途の関係。従って、そろばんの用途はDの計算ということになる。

以上、見てきたように、極めて基本的な事柄が問われていることが問題の分析から見てとれたろう。

実はこの種の問題も、お受験の領域では、「言葉の理解」としてよく出題されているものである。おすもうさんは重い、では赤ちゃんは？　とか、夏は暑い、では冬は？　というような反対概念を問う出題（田園調布雙葉）が多い。

しかし、SPIの言語能力で問われているような、道具（物）とその用途に関する出題もないわけではない。例えば、雙葉小学校では、二つの言葉から思い浮かぶものを答えさせるという出題がなされている。

乗る、走る↓自転車、自動車
話す、書く↓言葉、物語
まわる、とぶ↓ヘリコプター、ガメラ、竹とんぼ

というようにである。

これなどは、SPI能力検査の検査I（言語能力）で低得点の大学生など、目を白黒させそうである。

CABが測る能力因子

SPIに次いで採用テストで大きなシェアを占めているのが、SHL社製のCAB、GABである。CABはコンピュータ業界で多くの企業が採用しているといわれ、またGA

問題 6　もともとの図形が変化した最後の形から、「暗号」の内容を割り出し、その暗号にしたがって、次の？に入る図形をA～Eの中から選びなさい。

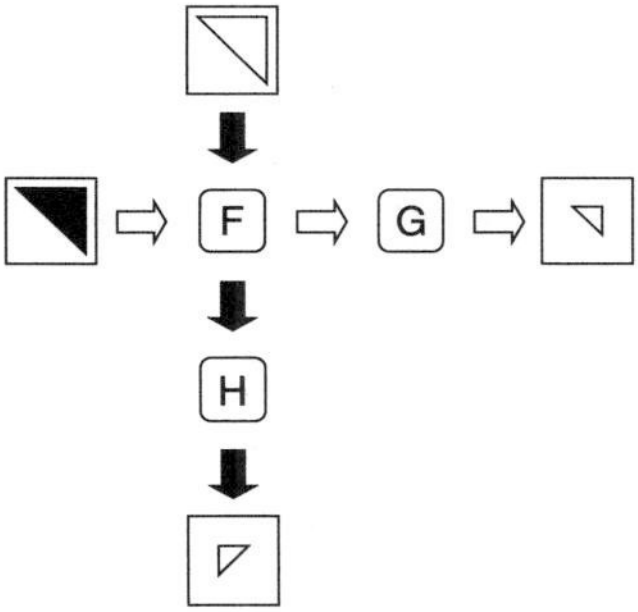

暗号F

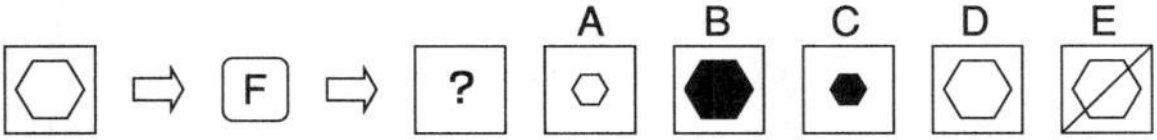

暗号G

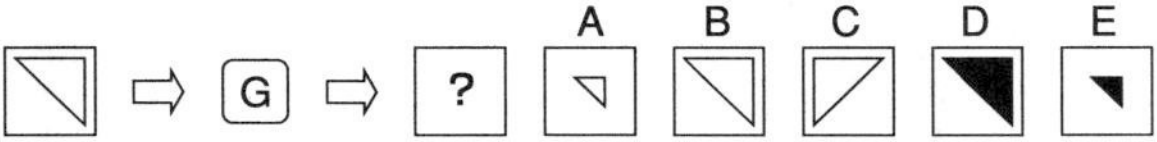

暗号H

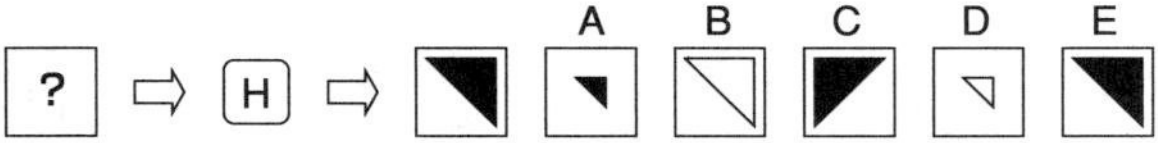

Bはコンサルティング業界や証券、シンクタンク業界での採用が多い。こうした業界が主に使用していることから分かるように、計数問題や暗号解読などに特徴がある。SPIとは出題形式がかなり異なっており、解答に至る独特の思考方法が必要になる。

ここではCABの典型的な問題である暗号解読の問題を素材に、その類題を検討してみよう（問題6）。

暗号を解くには当然、推理能力が最大の武器となる。ところで、この問題を見て何かを思い出していただけただろうか。第1章で紹介した小学校入試の推理能力の問題である。この問題は、本質的にはお受験頻出の「魔法の箱」問題と同質のものである。

では、問題を整理してみよう。横と縦の列に共通の通過点である〝F〟が存在することに着眼できるか否かがポイントである。

まず横の列を見ると、直角部分が右上にある黒い三角形がF、Gを通過することで白く小さい三角形に変化している。つまり、FとGは白黒逆転、縮小という暗号のどちらかになっていると推理できる。次に縦の列を見てみよう。同じく右上に直角を持つ白い三角形がF、Hを通過することで左右反転し、小さくなっている。このことから横列と縦列に共通するFは「縮小」の暗号であると推理しうる。暗号が一つ特定できれば、Gは白黒逆転、Hは左右反転の暗号だと帰結できよう。

以上により、暗号Fは形が縮小されるので正解はA。暗号Gは白黒逆転で正解はD。暗号Hは左右反転とするので正解はCとなる。

直感的着眼能力因子を前提としている点に小学校受験との違いはあるにせよ、この問いは、主として始原の推理能力因子を測っているのである。コンピュータという現代の先端技術の業界を目指す者の基礎能力として要求されている能力が、小学校を受験する幼稚園児にも問われていることは、人の能力を考える上でたいへん示唆的ではなかろうか。

国家公務員I種試験

数ある公務員試験の中でも、キャリア官僚となる国家公務員I種試験は難易度の高い試験として知られている。では、具体的にキャリア官僚に求められる能力とはどんなもので、一般の企業が求めている職業能力とはどのような点に違いがあるのだろうか。

いうまでもなく企業の最終的な目的は利潤の追求にある。一方、公務員ことにキャリア官僚は国（=国民）の安定と円滑な運営が使命といえよう。そのためには高度な事務処理能力が必要なことはいうまでもないが、それ以上に大切なことは常に公正な立場で行政にあたるということだろう。行政が一部の人々の利益に偏っていてはいけないわけで、その公正さを支えるのが利益衡量能力（比較能力）である。

今、ここで利益衡量という言葉を使用したが、利益衡量とは、今まで見てきた比較能力（基本形）の発展形のことである。いわば、これまでの単純とも言える比較能力因子が現実の社会に生かされるとき、利益衡量という発展した能力因子に変貌・脱皮するとでも考えて頂ければ良い。

例えば、ある政策を実施するために一つの法律をつくる場合、その法律が現行の法体系に矛盾しないか、整合性はとれているか、ある分野と他の分野のバランスは悪くないかといった細かい調整が必要となる。これらの作業の基本はすべてを公正に比較し、利益を衡量する能力にあるのである。では、実際の典型的な国Iの試験問題からキャリア官僚に求められる能力を検討していくことにしよう。

人材を配分する能力

問題7 ある課の課長は、5人の部下A～Eと5つの異なる仕事を持っているが、これらの仕事は、その仕事を行う部下との組合せで必要とする時間が異なってくる。今、5つの仕事をj1～j5としたとき、A～Eが各仕事に必要とする時間数は表のとおりである。

部下1人に1つの仕事を割り当て、全体で要する時間を最小にするとき、時間の合計はいくらか。

仕事に必要とする時間

	j1	j2	j3	j4	j5
A	5	5	8	6	7
B	4	5	9	7	11
C	4	4	6	4	11
D	4	3	11	8	11
E	2	3	4	6	9

1 20　2 21　3 22　4 23　5 24

（国家I種教養試験 1997）

例えば、この問題で、表のAからEまでの各人に単純にA－j1、B－j2、C－j3、D－j4、E－j5と順番に割り振ったとしたらどうだろう。作業の合計時間数は、j1＋j2＋j3＋j4＋j5＝5＋5＋6＋8＋9＝33時間。選択肢の時間数と比べてかなりの時間数になってしまう。

仕事を遂行する上で、効率性を何ら考慮しないのであれば、単に順にあてはめていくこの手法でも良いのかもしれない。しかし、ここで有能な課長に求められていることは、このような単純な能力ではない。ひとことで言えば、仕事の難易度の高い順に優先して、適材を適所に分配する能力が求められていると言えるのである。

すなわち、仕事の内容によって、その仕事に要する時間が異なる5人の部下がいるのであるから、誰にどの仕事を担当させれば、最小の時間ですべての仕事を完了させられるかという利益衡量能力が測られていると言えるのである。

それでは、課長はどうすべきか。まず、総じて、時間のかかる仕事ｊ5、ｊ3に着目せねばならない。そして、中でもｊ5の仕事は難度が高いので、この仕事を一番速く処理しうる者に担当させればよいことが推理できる。すなわち、ｊ5をAに割り振らねばならない。

次に難易度の高いｊ3はE、ｊ4はC、ｊ2はDとEが3時間で同時間だが、Eはすでにｊ3で割り振られているから必然的にｊ2がDに落とし込まれ、残りのｊ1はただひとり残るBという具合に収まることになる。すると全体の仕事に要する時間は、j5＋j3＋j4＋j2＋j1＝7＋4＋4＋3＋4＝22時間となる。

ここで解答の選択肢を見ると、22時間よりも短い、選択肢1の20時間と2の21時間がある。そこで念のために、これらの解答はありえないことを確認しておきたい。

これらの仕事を遂行する最小時間を、五つそれぞれ独自に考えてみよう。最小時間はｊ1から順に2、3、4、4、7時間、単純に合計すると20時間である。一人に一つの仕事を割り振るという条件を考慮しなくてよいならば、20時間でできるわけである。例えばｊ1、ｊ2、ｊ3はEが行って、ｊ4をC、ｊ5をAが行うというような場合である。

しかしここでの題意は一人に一つの仕事であるから、Eがいちばん早い三つの仕事のうち二つは他の者に割り当てねばならない。

三つのうち、ｊ2はDがEと同じ最小時間の3時間でこなせる。しかし、ｊ1はE以外に最小時間の2時間でこなせる者はいない。ｊ3を最小時間の4時間でこなせる者もいない。次に短い者でも、ｊ1は4時間、ｊ3は6時間かかる。どちらにしても、Eがやる場合に比べて2時間多くかかることになる。

ということは、Eがｊ1もしくはｊ3を行う場合少なくとも2時間、Eがｊ2を行う場合には少なくとも4時間のロスが生じることになる。つまり、Eがｊ1、ｊ2、ｊ3のどれを担当することになっても、残りの二つを他の者がやる限りはなんらかのロスが生じる。したがって、全体で20時間になる五人の割り振りは、どう組み合わせても存在しない。「一人に一つの仕事」という条件を考慮すると、人の配分を考えないで算出した最短時間の計20時間というのは、成立しないことがわかる。1という選択はなくなる。

20時間の次に短い合計時間を模索するにあたって次善の策を考えることにする。五つの仕事それぞれについて、二番目に短い時間でこなす者に着目し、その者にさせた場合の最短時間との差を考えてみる。ｊ2に関しては二番手のCが行えば1時間のロスで済む。ｊ2以外の四つの仕事を二番手が行った場合には、いずれも2時間のロス、全体では少なくとも22時間必要になる。

そこでｊ2をCにさせた場合、Cがやると最も早いｊ4は必然的に別の者が行うことになるが、そうするとｊ4の二番手はAかEの6時間、Cに比べて2時間のロスである。このパターンでいくと、この時点で、ｊ2に関して1時間のロス、ｊ4に関して2時間のロス、ということは、人的配置を考慮しない最短時間である20時間に比べて、少なくとも3時間はロスが生じる。ｊ2をCにすると、少なくとも23時間以上を要することがわかる。

五つの仕事のうちの一つでも、二番手を起用した場合には、どうやっても2時間以上のロスが生じるのであるから、三番手以下を起用する組み合わせであれば、それ以上のロスが生じるのは自明である。

したがって、1時間のロスで済む組み合わせというものも、やはり存在しないことになる。合計時間が21時間になる組み合わせが存在しないならば、選択肢2という可能性もなくなる。

この時点で、先の22時間が、人的配置を考慮した最短の組み合わせとなり、選択肢3が正解である確証が得られることになる。

利益衡量能力とは

人材を的確に割り振ることとは、仕事を効率よく行うためには必須の能力であろう。この問題は、一定の仕事量を最小のコストで行う、すなわち限られた労働力を最大限に活かす采配ができる能力を試す、典型的な問題といえよう。限られた条件内で最大の結果を求める能力は、「利益衡量能力」ということができる。利益衡量能力は、いくつかの基本的な能力因子が組み合わされたものだと考えられる。

まず、複雑な問題の処理を効率的に行うためには、結論・解答に近い部分から着眼するのが原則であったから、解答の選択肢を見て、結論は20時間ないし24時間になることを頭に入れる。次に題意に照らして、諸条件の整理・要約である。この問題では、表から五つの仕事と五人の人材の特性を概観する。

仕事の効率を考える上では、適材適所ということを考えねばならない。今あるデータから、五人の仕事ぶりを読みとるわけである（まずこの読みとり自体、高度な抽象能力を前提とするであろうが）。直感的着眼能力により、まず五人の得意不得意と、おおまかに可能な仕事量を総合的に、把握する。

表のなかで着眼した数値からの推理に基づいて、最適と思われる割り振りから算出できる22時間が、最短であろうとの一応の目算を得る。ここまでが、第一の山と言える。

それが適当であることを確認するためには「人的配置を考慮しない最小時間である20時

間と比較した場合のロス」を比較してゆけばよいという筋道を通す。最小時間を算出する候補として考え得る割り振りをもれなく想定し、それぞれについて、ロスの算出を行うための手順を工夫し、それを実際に行う。

比較にあたって、考慮する要素が複数ある場合には、何をどのように比較すれば、所与の条件下で目的（この場合には最短の時間）に達したことになるのかを見極める手腕が必須である。これが第二の山である。

こういった一連の過程を思考の中で立ち上げてゆく能力を、総合的な利益衡量のプロットタイプと考えてよいであろう。

この問題はまた、官僚の仕事にどのような適性が求められているのかを推し量るにも、典型的な問題と言えそうである。

予算を配分する能力

それでは次の問題。

問題8も同様に仕事、作業の手順に関し、直感的着眼能力、利益衡量能力が問われている出題である。

問題8　あるプロジェクトの実施手順は図のように表すことができる。A～Dはそれぞれ一塊の作業であり、矢印の上の数字はその作業に要する標準日数である。①～④はそれぞれの作業の始まりと終わりを示し、作業Bは作業A、Cと並行して行われ、作業Bおよび作業Cの終了とともに作業Dが開始されることを示している。

今、このプロジェクトを短縮するためにそれぞれの作業の必要最短日数と、1日縮めるために要する費用を見積もったところ、次表のようになった。短縮のための追加支出は500万円まで認められるとすると、この範囲内で、最短日数でプロジェクトを終了する場合の必要日数と追加費用の組合せとして、妥当なものはどれか。

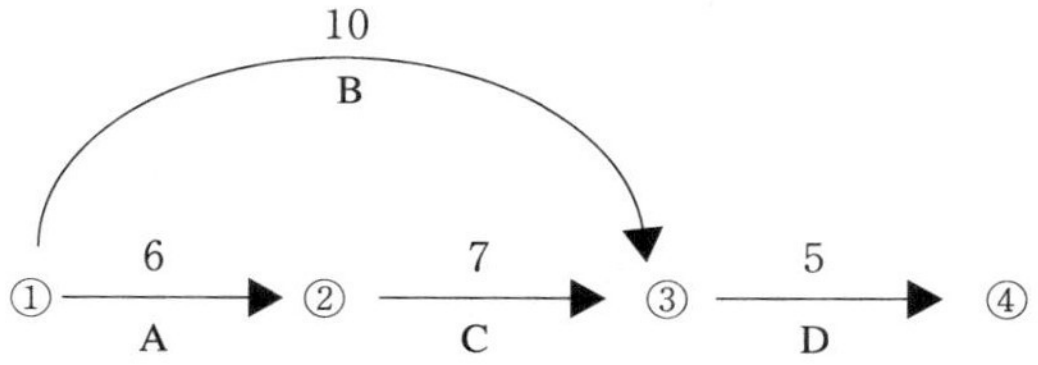

作業	作業日数(日)		1日短縮あたり費用(万円)
	標準	最短	
A	6	3	50
B	10	4	60
C	7	2	40
D	5	2	20

	必要日数	追加費用
1	10日	390万円
2	10日	480万円
3	9日	490万円
4	9日	500万円
5	8日	490万円

（国家I種教養試験　1998）

本問は、それぞれの作業工程の日数をどのように縮めれば有効かの問題であるから、費用対効果の高いところからまず優先して縮めることに気づく必要がある。すなわち、制限されたある費用の範囲で最も効率的に作業を短縮する、費用対効果という利益衡量の能力が求められているのである。

金を無制限に使って、施策を遂行することは誰にでもできる。ここでは限られた条件の中で、可能な最大の利益を獲得することが求められているのである。

そのように考えると、問題を解く第一のポイントは、1日短縮あたりの費用が最も安い作業部分をまず特定することである。つまり、作業Dをまず3日間短縮し、作業日数を2日にすることに直感的に着眼できねばならない。結果として、この工程で費用は20万円×

3日＝60万円要することになる。これは表の1日短縮あたり費用が、A－50万円、B－60万円、C－40万円、D－20万円というデータの中で、ある日数を短縮した場合に、どこの工程が最も追加費用がかさまないかに着目し、A、B、C、Dの4工程のケースを比較することで、導出できる話なのである。

キイとなる工程の処理が終了した後は、次に作業A↓Cと作業Bの関係に注目せねばならない。すなわち、作業A＋作業Cの工程と作業Bの工程が共に完了しなければ、一切作業Dに移れないという点である。選択肢の中では最少日数の8日の場合、作業A＋作業Cと作業Bに割り振られる日数を共に6日にすると最短となる。

そこで、AとCの比較で費用対効果の高い作業Cを最大限の5日間短縮して2日とすると作業Aは4日、作業Bは6日となり、その費用は40万円×5＋50万円×2＋60万円×4＝540万円となり、これだけで500万円を超過してしまう。

そこで、必要日数を、選択肢中次に少ない日数である9日としてみる。この場合、作業A＋作業Cと作業Bの工程は共に7日となる。作業A＋作業Cは標準で6＋7＝13日かかるから、これを7日間に短縮するにはA＋Cで6日間短縮すればよいことになる。費用の安い作業Cを最大限の5日間短縮すると作業Aは1日短縮することになり、作業Bは3日間短縮することになるから、全体の費用は40万円×5＋50万円×1＋60万円×3＝430

万円である。これに作業Dの60万円を加え490万円で済むことになる。

同じ9日間でも作業Aを2日短縮、作業Cを4日短縮した場合は50万円×2+40万円×4+60万円×3=440万円となり、これに60万円をプラスすると500万円となってしまう。これでは、とりあえず条件は満たしているものの先のケースより10万円割高になってしまう。

つまり、以上の検討により、認容された追加予算と工事日数のもっとも妥当な選択肢は3に落ち着くことになる。

上述のように、解明のプロセスを順次説明されれば、何のことはないと思われるかもしれない。しかし、考察の起点は二つあり、一つは費用対効果が最も高い作業Dの工程にまず着眼、特定し、最大限に活用することであり、もう一点は、作業Aと作業Cの短縮の組み合わせをどう構成するかである。この出題のケースでも、与件から作業Aと作業Cの1日短縮あたりの費用対効果を正しく迅速に利益衡量できねばならないのである。

それではもう一問、直感的着眼能力が要求される国Iの問題を分析してみよう。

直感的着眼能力を活かす利益衡量能力

問題9　ある会社の定時の退社時間は午後5時であるが、実際の退社時間を調査したところろ、以下のことがわかった。
・社員のちょうど33・5％は、午後5時30分以前に退社する。
・社員のちょうど66・25％は、午後6時以前に退社する。
・社員のちょうど90％は、午後6時30分以前に退社する。
このとき、6時30分過ぎに退社した社員の数として妥当なものは、次のうちどれか。
1　36人
2　37人
3　38人
4　39人
5　40人

（国家I種教養試験　1995）

午後6時30分以前に退社した社員がちょうど90％ということは、それ以降に退社した社員は全体の10％のはずである。そこで、全体の社員数を算出する際に、まず直感的着眼能力を働かせてみる。考察せねばならないポイントは、まず端数（小数点以下）の付いた人数はありえないということである。文学的表現ならば「半端者」という言葉が許されるが、実際の人間はあくまで1人は1人、数詞には整数しか存在しないのである。

するとと数字の末尾に0が付いているほうが、整数になる確率が高いと推理しうるはずだ。問題になる社員数が全体の10％であることから逆算すると、残りが40人の場合、全体は400人となり、その33・5％は134人、66・25％は265人と決まる。また、問題文中のパーセンテージ33・5や66・25を整数にするための最小の数4をかけてみると33.5×4＝134、66.25×4＝265となり、この方法でも、妥当らしいことが確認できる。

一方、例えば正答を4の39人とすると、全体が390人となり、33・5％では130・65人という半端な人数となってしまう。これは、他の選択肢1～3についても同様である。

問題文の中に潜む情報が、一見少ないようだが、このような直感的着眼能力、推理能力が問われていることが、おわかり頂けたろうか。正答は5ということになる。

国家公務員I種試験で問われている因子を瞥見《べっけん》した。3問とは言え、SPIなどの企業採用試験に比べ、内容がかなり高度で複雑ということは言えそうである。

帰結として、まず第一に前段階で直感的着眼能力、後半は利益衡量というように、複数の因子の機能が求められており、因子順列能力の有無が見られているということが挙げられる。

第二に、問題9に見られるように、受験生の総合的な、換言すれば直感的な着眼能力が求められる出題がなされている点である。

中央官庁（財務省）の大きな仕事に毎年の予算編成があるが、膨大な予算を各分野の利害関係を調整しながら公正かつ効率的に配分していく作業は、普通の人なら1年かかっても無理ともいわれている。それを限られた時間内で完遂していくには極めて高度な因子順列能力が要求されることは容易に想像できるし、国の不測の事態や緊急事態に接し、瞬間的に的確な判断が下せねばならない。そして、それは、背景に優れた推理能力も裏づけとして存在しているのである。

それでは、ここで、キャリア官僚の実像とは一体どういうものなのか、ある人物の話に耳を傾けてみよう。

元キャリア官僚A氏の履歴

本書を執筆するにあたり、元キャリア官僚である、ある人物に話を伺った。仮にA氏としておこう。

A氏は東京の公立小学校から開成中学・高校、更に東大の文科一類、法学部に進み、ある中央官庁にキャリアとして入省した。現在はその省庁を退職し民間企業に勤めているが、経歴からすれば典型的なエリートコースを歩いてこられたようだ。

キャリア官僚というと、ガリ勉型の秀才タイプを想像しがちだが、A氏によると必ずしもそうではないという。A氏自身、小学校時代はピアノと書道を習っていたし、中学・高校を過ごした開成は文武両道、質実剛健をモットーとするバンカラな校風だったという。体育祭というと騎馬戦など格闘技系の種目で盛り上がるというから、いわゆる進学校のイメージとはだいぶ異なっている。また、彼は東大ではテニスを楽しむなど活動的な学生生活を送っていたようだ。

ところで、中央官庁に入省したA氏を待っていたのは1年目から夜12時前に仕事が終了したのは年に2~3回というハードな生活だった。帰宅は深夜1時から2時、朝は9時半までに出勤する。それでもこれは楽なほうで、入省3年目くらいになり、一応の仕事を任されるようになると更にハードな仕事量をこなさなければならない事態になったという。キャリア官僚になるには能力もさることながら、体力も相当に必要なことがA氏の話から推察しうる。キャリア官僚とは心身ともにタフでなければ務まらない仕事といえそうだ。

そんなA氏の子供時代の話を聞くと、意外な一面がうかがえる。小学校時代は塾（四谷大塚）には通っていたものの、前述のようにピアノや書道も習っており勉強一本槍ということではなかった。ただ、両親は教育には熱心であり、勉強を強制するという形態ではないが、「何をやってもいいが、やるからには徹底してやりなさい」という方針は常に打ち出されていたという。

漢字の書き取りは、覚えなければ100回は書かされる、計算も同様である。所謂、体で覚える状態まで集中してやらされる。それは、勉強ばかりではない。ピアノにしても、家での練習の際には、同じフレーズをミスらずに10回繰り返す、という具合である。

まさに鉄は熱いうちに打て、脳は柔らかいうちに鍛えよ、という方針であった。A氏の話を聞いていると学校、塾、習い事と時間をフル活用しているとの印象である。頭脳と体をフル活動させている。これは物事を徹底するという教育方針と相まって、能力を刺激し発達させる上で重要な関わりを演じたと推測しうる。

私は大学4年生の頃、中学受験を目指す小学生を教えた経験があると、先に記した。ここで多くの子供を観察して得た一つの真理は〝できる子〟は集中力があり、疲れにくいというものであった。逆に、不できな子は、集中が途切れやすく、脳が疲れやすいのか、すぐに眠気をもよおし、持続的に学習することがままならなかった。わかりやすい言葉で言えば、生気に欠け、全く迫力がないのである。この私の類型からすれば、A氏はおそらく前者の集中力を具備したタイプの子供だったのだろう。

A氏に自分の能力を自己分析してもらうと、「パターンマッチングが得意だった」という。父親や母親から、この問題は、このように解くのだと一度その規則を教えられると、その基本パターンを認識して、他の類題をほぼ間違いなく応用して解くことができたという。すなわち、出題された問題がどんなパターンのものかを素早く見抜いて、このパターンはこの規則で対応可能である、と当てはめていく能力にたけていたのである。

これを私なりに解釈すると、A氏はある一つの問題を見て、これは過去に学んだパターンA、これはパターンBと即座に判断、分類しうるという点で、同一性と異質性を認識する能力に優れていたと言えそうだ。

さて、これまで見てきたSPI、CABなどの企業採用試験、さらに国家公務員I種試験を総合すると、社会人としての職業能力には、総じて、第1章で挙げた七つの基本的能力因子の中でも特に直感的着眼能力、比較能力（利益衡量能力）、因子順列能力が重要因子になっていると言えそうである。そこで問われている能力因子のレベルは、条件・分析の複雑さ、また、利益衡量の緻密さ、更に高度な直感的着眼能力が要求される点で、国Iが群を抜いているように感じられる。しかし、職業能力として根底で問われているものは、同一の事柄である。

学校で学ぶ事柄には常に正しい答えが用意されており、その答えに至る筋道を論理的にたどっていければそれで済まされた。しかし、実社会を相手にする職業の現場では絶対的な正しい答えがあるとは限らない。ギルフォードの思考法で言えば、拡散的思考が重視されているのである。

答えが一つでないなら、逆に目的に達する筋道は幾通りもあることになり、その中から最も効率的な方法を選び取るのが〝職業能力の根幹〟として要求されるものなのである。そして、その武器となるのが推理、比較、抽象能力などをベースにした特有な職業能力と言いうるものなのである。

第4章 ロースクール適性試験問題から法曹人に求められる能力因子を考える

リーガルマインドに内在する能力因子

第3章までは、所謂、就職試験の類型で問われる能力因子の検討を試みた。それでは、現行の資格の中でも最難関といわれる法曹の職に就くには、どのような能力が測られているのだろうか。また、ロースクール適性試験(ロースクール入学のための一種の能力検査)をクリアーし、法曹人(弁護士、検察官、裁判官)への道を歩み始める人々の論理能力とはどのようなものなのかを試験問題を手がかりに少し覗いてみることにしよう。

その前に法曹人の論理のあり方を示す独特の法的思考力(リーガルマインド)について簡単に触れておきたい。その具体的内容は、例えば法学者・加藤一郎氏の説を引くと、

1. 複雑な問題をなるべく客観的・論理的に分析し、法律問題になるものとなり得ないものに類型化する。
2. 根拠に基づいてものを考えること。法律の条文や判例など、根拠となりうるものに基づき、論理的に結論を出す。逆に言えば、みだりに根拠のないことを信じない。また、みだりに根拠のないことを言わない。
3. 人権を尊重し、何人に対しても平等な取り扱いに心がける。男女の差別をなくし、外国人の人権を十分に尊重する。

4．本人の一方的な主張のみを信ぜず、相手方の主張にも耳を貸す。すなわち、双方の言い分を聞き、適正な手続きをとる。

5．最終的な判断を下す場合、まず法的安定性を重んじ、そこに何らかの不都合がある場合は、具体的妥当性を重視し、訴訟で衝突しているX、Yの実質的な利益関係を利益衡量し、良識に合った結論を出す。

ということになる。中でも、最終的な判断を下す場合の「実質的な利益衡量」こそ、高度な比較能力が求められる場面であり、法曹の能力因子の核になるものなのである。法的思考力というとたいへん難しいことのようだが、法曹人以外の一般の人々が物事を判断する際にも非常に役立つ示唆を含んでいる。

正義の女神の天秤の示すもの

法曹人にとり〝比較能力〟が重要な位置づけにあることを、私が直感的に教えられたのは、最高裁判所の法廷に存在する女神像によってである。裁判官を象徴する正義の女神は天秤を携えている。これは、まさに原告と被告のどちらに正義があるのかを比較している姿である。

実は、この利益衡量の能力は裁判官だけに求められるものではない。依頼者から紛争解決を要請された弁護人は、当事者から事情を聞き、法的な問題を発見していく。さらに調査、分析、推理等を集積して、それぞれの見解を比較衡量する。そして、もっとも有効な対処法を選択していくのである。検察官とて、多かれ少なかれ、同様な思考をしているはずである。

私は、過去に、法曹先進国アメリカのＬＳＡＴ（法曹能力適性試験）の原文を和訳し、分析・研究した経験を持つが、法曹の適性を測ろうとする第一次試験では、私が今挙げた、まさに比較能力を測定しようとする姿勢が極めて強く感じられた。それだけ、この因子は重要な位置づけなのだろう。そこで、過去のＬＳＡＴの典型的出題を若干修正した問題を以下に見ながら、果たしてどのようにこの能力が問われているのか検証してみたい。

問題１　ある会社の社長が次のような発言をした。

わが社の新しいコンピュータシステムは、生産性の向上を目的としている。そのシステムは、日中に設置可能だが、それでは一時的に従業員の仕事を中断することになってしまう。では、夜間に設置すればよいのではないかとなるが、このケースでは昼に比べ、ずっと多くの設置費用が伴う。費用の節約を重視すると、このコンピュータシステムは昼、夜、いつ設置されるべきか。

（ＬＳＡＴ類題）

ここで問われているのは、単純に設置費用と、経費の大小であることに、まず注意しよう。従って、単純に設置費用のみを考えれば、この問題は次のように整理される。日中の設置費用をX、夜間の費用をY、日中の仕事中断による生産性の損失をZとすると、日中の設置に関わる費用の総計はX＋Zとなる。

仮にX＝50万円、Y＝200万円、Z＝100万円であれば、X＋Z＝150万円＜Y＝200万円の不等式が成り立つから、日中に設置したほうが経費が節約できることになる。

逆にX＝100万円、Y＝200万円、Z＝150万円であれば、X＋Z＝250万円＞Y＝200万円となり、夜間に設置したほうが有利となる。また、X＋Z＝Yの等式が成り立てば、経費的な側面だけからは、日中、夜間どちらでもよいということになる。つまり、X＋Z＜Yならば日中、X＋Z＞Yならば夜間、X＋Z＝Yならば費用はどちらでも変わらないから、昼、夜いずれでもよいことになる。

実際には日中仕事を中断した場合、作業が中断されることによる生産性の損失や取引先にかける迷惑など他にマイナスの要素が存在するから、これほど単純な図式とはならないだろう。しかし、数値的にはおよそ以上のような考え方ができるし、とりあえず、以上のような同一次元（金銭比較）における価値の比較がままならないようでは、法曹の適性に欠けるとの烙印を押されてしまうのであろう。

それでは、同じくLSATのアレンジ問題をもう一問紹介しよう。

問題2　α国では毎年、12月31日に、ウラニウムの合計供給量が算出される。ここで合計供給量とは、国中で採掘されて、消費されていないウラニウムの合計量のことである。2002年には、その量は、2001年よりかなり低かった。さらに、1985年以来α国はウラニウムを輸入も輸出もしていない。さて、以上のことが正しいとすると、この記述はある事実を前提とした発言となる。その前提とは一体何だろうか。（LSAT類題）

一見すると、この問題で比較能力が測られていることに気づかない人が多いかもしれない。しかし、第1章の比較の定義のところでも述べたように、この問題では、〝何〟と〝何〟を比較すべきかの選択眼が問われており、その意味でまぎれもない〝比較〟の問題なのである。この問いを不等式によって解いてみよう。

2001年末のウラニウムの合計供給量をx、2002年のウラニウムの消費量をy、同様に2002年の採掘量をzとすれば、2002年の末に残る最終的な合計供給量はx

−y＋zとなる。ここで、題意より、2002年の合計供給量は2001年の合計供給量より低かったのであるから、x＞x−y＋zが成立するはずである。すなわち、y＞zが必要な前提条件なわけで、これは2002年のウラニウム消費量が2002年のウラニウム採掘量より多いことを前提にしていることが判明する。

平たく言うと、大みそかにウラニウムが100残っていて、翌年、新たな採掘量（z）が50だったとする。ところが、消費量（y）がそれを上回り60だとすると、消費量（y）が採掘量（z）より10多いわけだから、翌年末の差引き残高は100−10＝90となり、採掘量（z）に比べた消費量（y）の超過分だけ前年の100より少なくなることが理解できるだろう。

アメリカで歴史のある法曹能力適性試験、LSATの代表問題（一部修正）をもとに、まず、法曹の能力因子として分かりやすい比較因子−利益衡量因子が実際に問われていることを確認したが、これは、2003年の8月から実施されている日本のロースクール適性試験にも同様なことが言えるのである。

法曹的な利益衡量とは

例えば、日弁連法務研究財団の「論理的判断力を試す問題」では、以下のような出題があった。

問題3　1～5のうち、つぎの文章における結論を導くために必要不可欠な前提を1つ選びなさい。

昨年、ある国では、一昨年と比べ刑法犯で摘発された少年は8000人増加したことがわかった。殺人等の凶悪犯罪の増加もみられるが、万引きの増加が特に目立ち、大人も含めた万引き犯罪のうち7割が少年によるものであった。したがって、今年、少年による万引きをほとんどなくすことができると、刑法犯で摘発される少年数を昨年より減少させることができる。

1．少年による犯罪を防止するために警察が取締りを強化する。
2．少年に対する万引き犯罪の刑を重くすることで万引き犯罪を抑止する。
3．万引き以外で摘発された少年の昨年からの増加数が、昨年万引きで摘発された少年数よりも少ない。
4．摘発された少年数の増加分である8000人のうち、半分は万引きによって摘発されたものである。
5．昨年の万引きで摘発された少年数が8000人よりも多い。

（日弁連法務研究財団適性試験　２００３）

本問は、先程ＬＳＡＴの例題として示した問題２をかなり意識した良問であることがわかるだろう。

問題２と同様、ここで問われているメインの能力因子は比較能力である。しかし、何と何の比較をするのかということを把握するまでが、だいぶ煩雑になっている。つまり、比較能力を駆使する以前に、直感的着眼能力、整理・要約能力が、あわせて問われていると言える。

複雑な問題文を読解し、出題者が中心に問うているものは一体何であるのかにまず正確に着眼でき、題意にそって問題文を分析し、解答に必要な情報を取捨選択し、その情報を組み立てて解答に到達できねばならないからである。

本問の場合、出題者が問うているのは、今年の少年犯罪中、万引きによるものをほぼゼロにできた場合、今年の少年犯罪数が昨年の少年犯罪数よりも少なくなるにはどのような〝前提〟が必要か、というものである。

比較するものは、「刑法犯で摘発された少年の去年と今年の人数」である。

犯罪の人数に関しては、１年ごとの変化（増加、減少など）に着目した分析と、内容（万引きか凶悪犯罪かなど）で分類した分析とが、問題文中でなされている。

そこで、問題文の内容を式という形で整理して考察してみると、左のようになる。

昨年刑法犯で摘発された少年の数をS、そのうち万引きをSm、万引き以外の犯罪をSnとすると

$S = Sm + Sn$ ――①

今年刑法犯で摘発された少年の数をK、そのうち万引きをKm、万引き以外の犯罪をKnとすると

$K = Km + Kn$ ――②

また、犯罪摘発人数の増減を α で表す。

例えば $K = S + K\alpha$、また $S\alpha = 8000$ と表すことにする。※

ここで題意より、$Km \fallingdotseq 0$ ――③

よって②、③より $K \fallingdotseq Kn$ ――④

※にならえば、今年の万引き以外で検挙した少年数は

$Kn \fallingdotseq Sn + K\alpha n$ ――⑤

と表すことが出来る。ここで $K\alpha n$ とは今年摘発した万引き以外の少年の数と昨年のそれとの増減人数、すなわち「万引き以外で摘発された少年の昨年からの増加数」にあたる。

④、⑤より、$K \fallingdotseq Sn + K\alpha n$ ――⑥

本問で示されている〝結論〟は、今年の少年犯罪数＜昨年の少年犯罪数であるから、

$K < S$ ――⑦

が成立せねばならない。

①、⑥、⑦より

$Sn + K\alpha n < Sm + Sn$

$\therefore\ K\alpha n < Sm$

犯罪少年摘発数

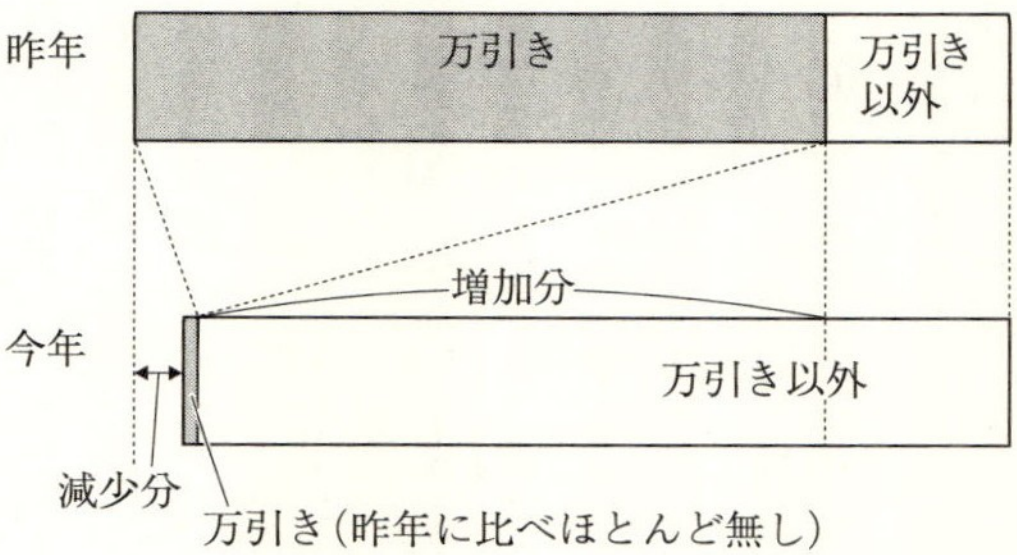

すなわち「万引き以外で摘発された少年の昨年からの増加数」が「昨年万引きで摘発された少年数」よりも少なければよいということになる。正答は3である。

以上、精緻に考察したが、迅速に正解を得る目的なら、本問で〝問うている〟ことに着眼して、次のような解法も考えられる。

すなわち、本問は、「今年の万引き少年数を0とした場合、今年の少年犯罪数が昨年の少年犯罪数よりも少なくなる〝前提〟を問うているのである。その観点からすると、まず選択肢1、2の「取締り強化」「刑の軽重」については、問題文では触れられていない。抽象的な刑事政策が題意の前提として確かであるとは言えず、不適であることがわかる。

また、選択肢4、5は、8000人についてであるが、この数字は「一昨年と昨年を比べた」増加数である。「昨年と今年」の少年犯罪数を問題としている本問の趣旨とは無関係である。したがって、消去法で選択肢3を選ぶことが可能である。ただ、この場合も、選択肢3の文の内容が正しいことを、先に掲げたような図を用いるなどして確認する必要はあろう。

法曹人に特有な新たな能力因子

本章に至るまで、実にさまざまな能力因子を検討してきたが、実は法曹人にはこれまでに検討してきた能力因子に加え、もう一つ有力な能力因子が必要とされている。法曹人の職務の目的は、ある物事の法的解決ないしは法的処理にある。もう少しわかりやすくいうと、ある問題に対して、法的に見て解決されるべき点があるかどうかを吟味し、あるとすればその中心的命題は何かを認知し、その後に処理にとりかかるということである。

例えば弁護士のもとに交通事故の法律相談が持ち込まれたとする。依頼人は感情のおもむくまま、「相手は新型の銀色のポルシェに乗っていて、交差点で突然飛び出してきて私の車にぶつかった。けしからん、逮捕して欲しい」といった。ところで、弁護士たるものはこの話には何ら法的視点のないことに気づかなければならない。依頼人の話の内容は、犯人を特定するには有効な情報だが、相手の罪を問う、つまり裁判で問題とされる視点とは無関係だからである。問題は「新型」でもなければ、銀色でもポルシェでもないのである。

交通事故事案の処理であれば、法曹人としてはまず、両者の車がどう動いたのか、定番とも言える〝速度、距離、方向〟の平面上の3要素から外形的事実（客観的データ）を再構成し、何らかの理由で衝突に至ったまさにその原因を探らねばならないのである。

さらに、現実に2台の車が衝突している以上、当事者双方に何らかの法的過失が存在するとの推測のもと、双方の供述から先の3要素を分析し、どちらにより多くの過失があったかを論証しなければならない。このように、法曹人に求められている「論証能力」は、法的な分析を前提としたものでなければならないのだ。

法律的観点から見て解決されるべき問題の所在が判明したとき、法曹人は法的解決、ないし法的処理という目的に向かう。その際、与えられた具体的事実に緻密な分析を加え、論理的な「論証」によって結論を導き出す作業をする。これがまさに法的思考能力と呼ばれるものである。

論証の基本構造

それでは、法曹人に求められる論証能力因子とは一体どのようなものか。以下にその仕組みを簡単にご紹介しよう。

論証とは、分かり易い言葉で言えば、ある根拠からある結論を導き出す過程（プロセス）のことを指す。したがって、最も簡単な原始的な論証構造は、次のようになる。

これは、ある根拠から直線的に結論が導き出されるような場合である。例えば、

「私は3月15日生まれだ。だから私は魚座だ」

という場合、

「私は3月15日生まれだ」

が主張A（根拠）となる。

「だから」

の部分が導出（主張Aから主張Bを導き出すプロセス）に当たり、

「私は魚座である」

という主張B（結論）に至るわけだ。

主張A 根拠 私は3月15日生まれ

導出（主張Aから主張Bを導き出すプロセス）

主張B 結論 私は魚座である

これは論証構造のたいへん単純な図式だが、この文よりも複雑な論証構造を持った文章でも、細かく分解していけば実はこの基本構造で構成されているのである。その意味からすると、論証とは、繰り返される一連の導出の仕組みであると言っても良いだろう。つまり、ある根拠から導出された結論が、そのまま新たな根拠となり、別の結論の導出に用いられるというように論理が繰り返し展開されていく場合が多いのである。一例を挙げてその構造を分析してみよう。

①5月の連休も終わった。

②5月の連休が過ぎ中旬になると、司法試験の択一試験が待ち受けている。
③だから今、受験生の彼は、相当なプレッシャーを感じているはずだ。

という文章（主張）があったとする。

この文章（主張）は構造的に図示すると以下のようになるはずだ。

根拠	→	結論（新しい根拠）	→	最終的な結論
①5月の連休も終わった	→	②5月の連休が過ぎ中旬になると、司法試験の択一試験が待ち受けている	→	③だから今、受験生の彼は、相当なプレッシャーを感じているはずだ

このようにある根拠から導出された結論が、そのまま新たな根拠となり、別の結論の導出に用いられるというように、論理は積み重ねられ展開していくものなのである。

逆の見方をすれば、論理を展開していく際、途中の導出に誤りや飛躍があれば、その論証全体が誤りまたは非常に脆《もろ》い構造を持つことになる。これが論理性に欠けるということである。

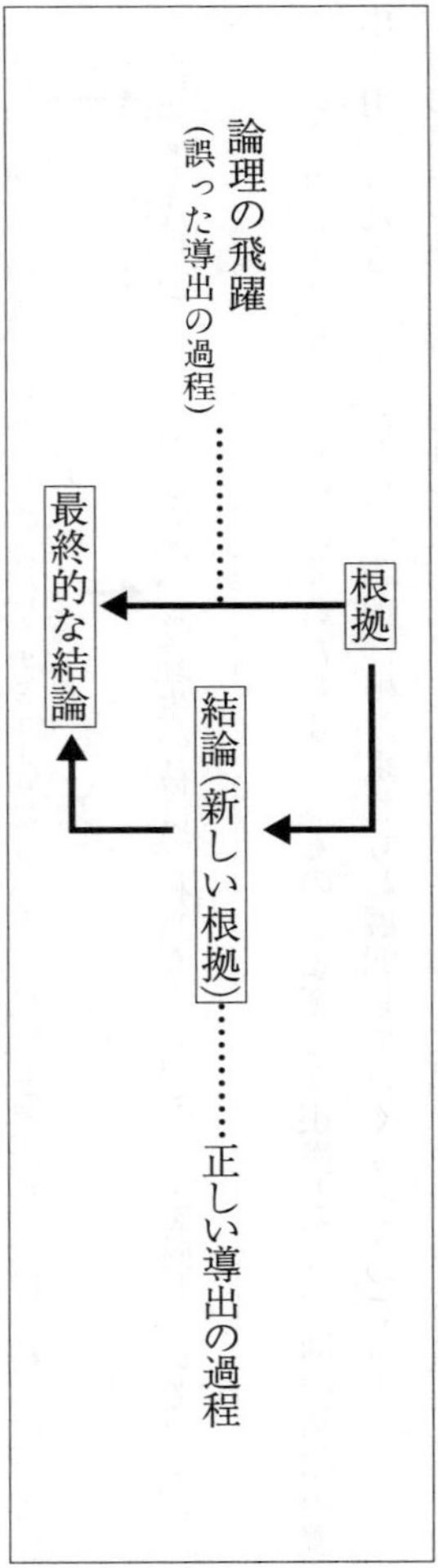

先の連休の例で言えば、

「5月の連休も終わった、だから今、受験生の彼は、相当なプレッシャーを感じているはずだ」

という主張では、唐突過ぎるからだ。それは、何故5月の連休が終わることと、受験生の彼がプレッシャーを感じることが結びつくのかが不明だからである。

このような主張は、論証構造が弱いということになる。

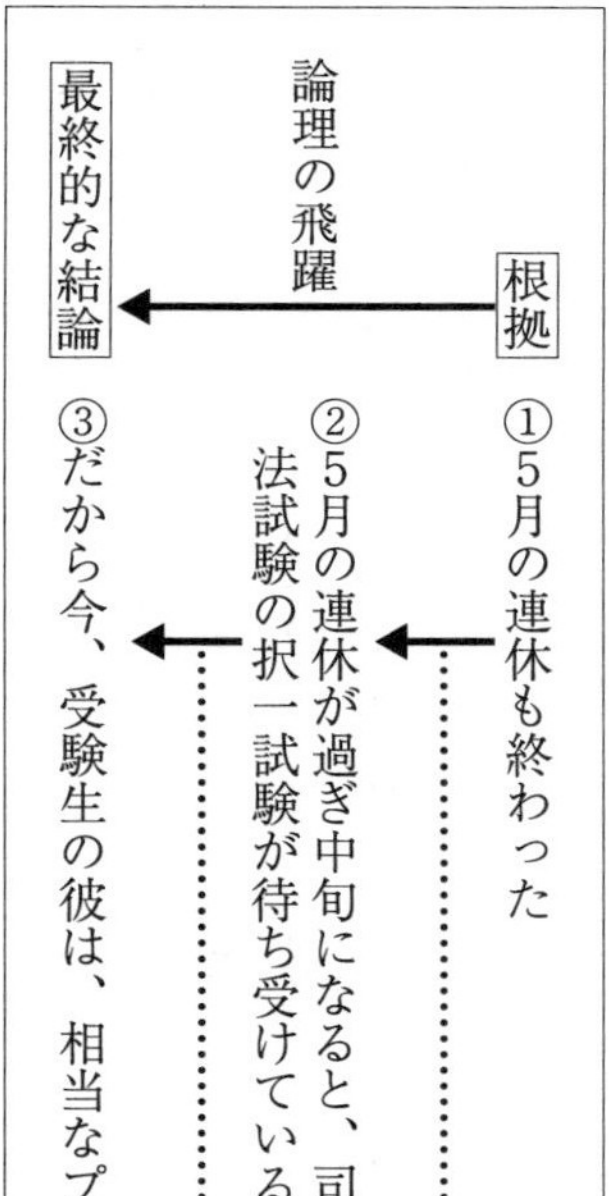
正しい導出の過程
③だから今、受験生の彼は、相当なプレッシャーを感じているはずだ

弱い論証構造と言えば、こんなケースもある。二パターンほど挙げてみよう。

例えば仮にある人が「あい子さんはW大学の学生だから、今日は大学に行っていない」と発言したとしよう。「あい子さんはW大学の学生」というのが根拠だが、これだけでは何故あい子さんが大学に行っていないのかの結論が導出される理由が不明である。すなわち論証構造に弱点がある。実は、その日がW大学の開校記念日で大学自体が休校であるという事実が示されていれば論証は成立するわけだが、この発言は前提の一部が欠落しているため、不完全なものとなっているのだ。（この点、魚座の例は、3月15日に生まれた人は魚座で

あるという常識的な前提のため、省略が可能である）

A：あい子さんはW大学の学生である＋（前提）W大学は今日、開校記念日で休校である
（根拠）
導出
B：（大学が休みなのだから）あい子さんは今日は大学に行っていない（結論）

また、いま一つは、以下のようなケースである。あるときあき子が「小学校の入学式のとき、校庭の桜がきれいに咲いていた。近隣の小学校に通った友人によると、彼女の入学式も同様だった。日本の小学校の校庭には必ず桜の木があるものだ」と言ったとする。

この発言の論証構造は、「あき子の小学校の校庭に桜の木があり、友人の小学校の校庭にも桜の木があった」ことをA、「日本の小学校の校庭には必ず桜の木がある」ことをBとすると、A→B（AならばB）という構造である。これは一種の帰納（個々の特殊な事実から一般的な法則を導き出すこと）の構造だ。

しかし、このケースで帰納が確実と評価されるには、証拠となる個別事例、すなわちサ

ンプルの数が十分かどうかが吟味されなければならない。

あき子の帰納的推論が、確実に正しいかどうかは、これだけではわからない。二つの小学校に桜の木があるというだけでは、全国レベルで普遍的な話とは言えない。あき子の帰納的推論を証明するためには、厳密には全国の小学校を一つずつ調査して、校庭に桜の木があるかどうかを確かめなければならない。校庭に桜の木がない小学校が存在すれば、A↓Bは根拠を欠くことになる。つまり、主張A↓主張Bの論証構造は崩れることになる。

つまり、主張A↓主張Bの論証構造にあるべき前提が欠落していたり、帰納を確実にする個別事例、サンプルが不十分だと、その事柄は一般化して述べるには不適切、発言や主張自体が不完全で弱い印象となってしまうのである。

批判と異論

このように論証構造の根拠や、根拠と結論への導出プロセスに不備がある場合、その不適切さに対して否定的な見解または事例が示されることがある。これが反論である。

反論には批判と異論がある。批判とは論証部（根拠、前提、導出）に対する否定的見解の提示であり、結論部を否定したり、対立する主張をなすものではない。一方、異論は結論と対立する主張を打ち立てることをいう。

つまり、「AならばBが成立する」という主張に対してAだからといって必ずしもBとはならないという反論が批判（論理的反論）であり、A→Bは成立しないという主張は異論となる。図6のケースでは、「大学が休校でも、あい子さんはサークル活動で大学に行っている」が批判であり、異論は、「あい子さんはW大学の学生だが、今日は大学に行っている」となる。

ロースクール適性試験ではこの論証能力因子が中心的に問われている。これまで述べてきた論証構造とそれに対する反論こそが法曹人になるために不可欠な能力との位置づけなのである。それというのも日本の裁判制度が被告人(弁護人)と検察官という両当事者が証拠をめぐって争い、それを検討しながら裁判所が判断(判決)を下す当事者主義(訴訟の主導権を原告と被告に与えるという原則)の構造をとっているからである。原告と被告がそれぞれの主張、つまり論証構造をぶつけ合い、互いに批判や異論を唱える形態であるのだから、「反論」能力こそ法曹人の最大にして必要不可欠な武器となるからである。

それでは、同様に、日本のロースクール入学のための法曹適性試験から、その「反論」能力がどのように問われているのかを見てみよう。

問題4　1〜5のうち、次の主張に対する論理的反論になっていないものを1つ選びなさい。

花粉症は多くの人が患い、年々その患者は増加する傾向にある。花粉症の原因は諸説あるが、ここではスギ花粉の増加と大気汚染の影響の複合的原因としよう。花粉症患者を減らすための解決案としてスギ花粉を減らすためにはスギを伐採する案がある。しかし、スギを伐採することによって緑が失われる。そもそも大気汚染がなければ花粉症にかかることもない。したがって、大気汚染対策をするべきであって、スギを伐採する必要はない。

1、大気汚染の対策には時間がかかる。
2、スギを伐採したあとに違う木を植えればよいので、スギの伐採によって緑が失われることはない。
3、現在の日本の社会で大気汚染を完全になくすことは困難である。
4、大気汚染対策とスギを伐採することは同時に行える。
5、花粉症の患者は非常に多く、日本の生産性を下げているので、スギを伐採すべきである。

（日弁連法務研究財団適性試験　２００３）

問題文を整理すると左のような論証構造図が設計できることがわかる。

そして、この図によって、選択肢1はEに対する反論（批判）、2はBに対する反論（批判）、3は1同様にEに対する反論（批判）、さらに4はCに対する反論（批判）となり、選択肢5のみが論理的反論になっていないことが明らかになるだろう。何故ならば、論証構造図の中に日本の生産性の記述は全く見られないからである。

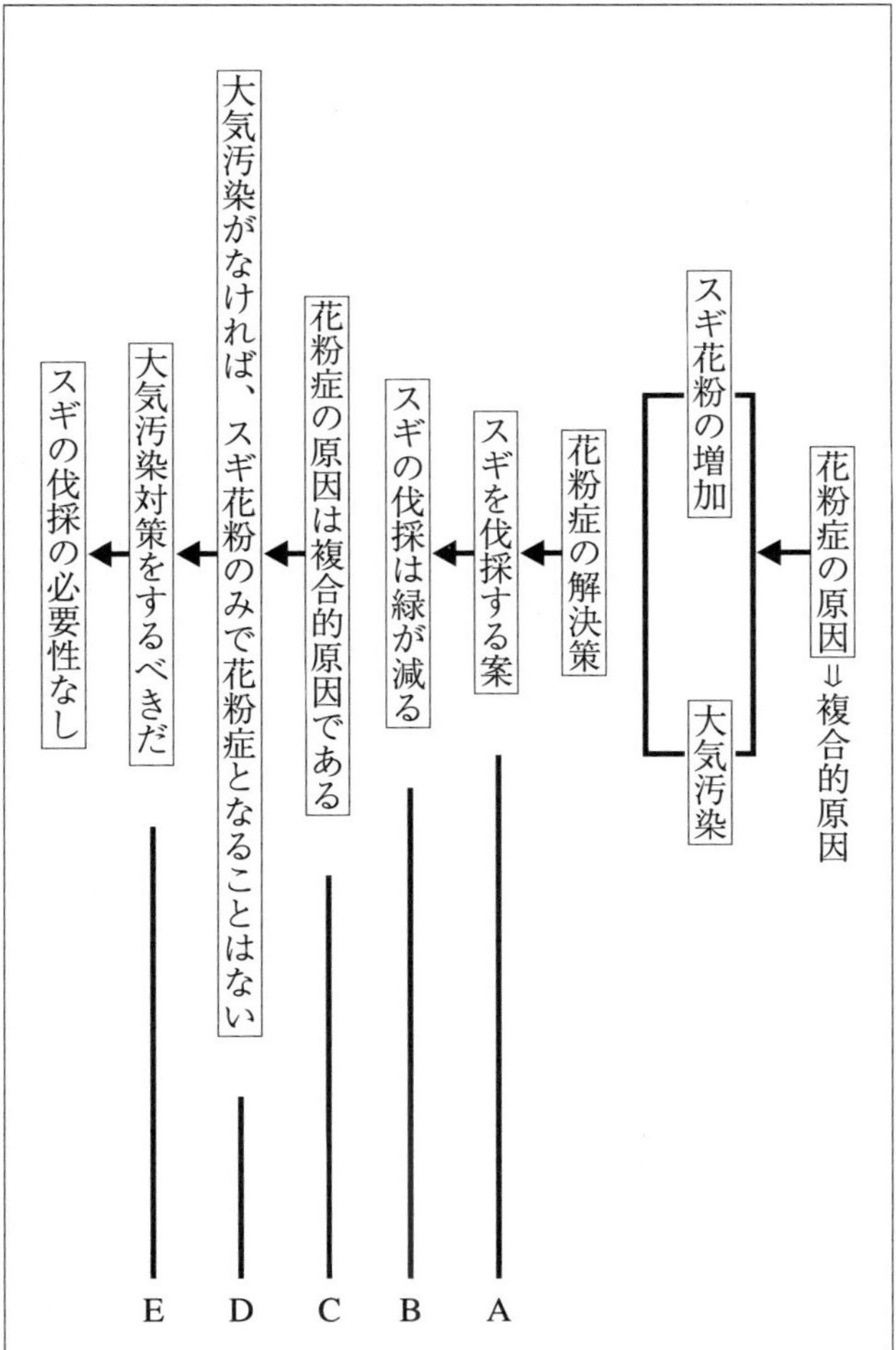
花粉症の原因
⇓
複合的原因
スギ花粉の増加
大気汚染
花粉症の解決策
スギを伐採する案
スギの伐採は緑が減る
花粉症の原因は複合的原因である
大気汚染がなければ、スギ花粉のみで花粉症となることはない
大気汚染対策をするべきだ
スギの伐採の必要性なし
A
B
C
D
E

以上、論証構造の細部にわたって検討してみたが、このような分析が把握可能にならなければ、〝論証能力〟が一人前とはいわれないのだろう。難しいのは、問題文が述べている中心的命題が「花粉症の原因は複合的なものであるから、何もスギを伐採することはなく、もう一つの原因である大気汚染対策をすればよい」と要約できる点に気づくかどうかである。そうすれば先に述べたように、選択肢5の「花粉症の患者は非常に多く、日本の生産性を下げているのでスギを伐採すべきである」との主張は問題文の論証構造と何ら関係なく、重要部分を構成していないことに気づくはずである。

繰り返しになるが、法的思考力の重要な要素である論証能力の本質は、「主張」を理解し、その「主張」の妥当性を問うことにある。この問題で言えば、花粉症、大気汚染、スギ問題、緑化といった諸々の問題の価値判断は論証能力とは無関係であることに注意すべきである。

つまり選択肢の5は、一般論や常識的判断からは〝是〟とされようが、この問題の主張の論証構造を崩しているわけではないのである。

それでは、同じく論理的反論の問題を日弁連の適性試験からもう一問検討してみよう。

問題5　1〜5のうち、次の議論に対して論理的反論になっているものを1つ選びなさい。

遺伝子組み換え食品は、食品として安全とはいえない。なぜなら、遺伝子組み換え作物は人が無理やり他の植物の遺伝子を組み込んだものであり、自然界には存在しないものである。このような人工的に作り出された作物は従来と異なるものであり、人体や生態系等への影響は完全には予測できない。したがって、遺伝子組み換え食品は、食品として安全であるとは言い切れない。

1、遺伝子組み換え食品はこれからの食糧不足に対する有効な手段であるので、遺伝子組み換え食品は必要である。

2、遺伝子組み換え植物は害虫や病気に強いため、生産性を上げられるので、遺伝子組み換え食品は必要である。

3、遺伝子の組み換えは最新の科学技術を用いているため、食品の安全性が非常に高い。

4、遺伝子の組み換えには性質のよく知られた遺伝子を用いるため、予測できないことが起こることはない。

5、遺伝子組み換え食品は、企業が安全性を保証している。

（日弁連法務研究財団適性試験　２００３）

この問題の中心的命題は、人工の産物である遺伝子組み換え食品は、予測不能な危険を生起しうる可能性がある、ということである。

ところで、論理的反論で決定的に重要なのは、反論すべき対象である論証構造とかみ合っているかどうかという点である。その観点からそれぞれの選択肢を見ていくと、まず１は問題文が主張している予測不能な危険性には触れず食糧不足を論じている。２も同様に生産性についてであり、ともに問題に対する反論とはなり得ない。

次に３は、この議論の論者の結論である「遺伝子組み換え食品は食品として安全とはいえない」を否定しているだけであるから、論証構造を崩しておらず、論理的反論とは言えない。所謂、異論である。

５も１、２の選択肢の検討の際に触れたように、本問の論証の中心をなす「遺伝子組み換え食品は、予測不能な危険を生起しうる」という論証構造を崩していない。

以上の検討から、問題文の中心命題の論理的反論となっているのは、４の「遺伝子組み換えには性質のよく知られた遺伝子を用いるため、予測できないことが起こることはない」との主張のみであることが分かる。

実質的な利益衡量とは

法曹人に求められる能力因子を解明するにあたり、これまで比較因子の問題、論証の基本構造、さらに、やや本格的な論理的反論の問題を扱い、演習問題もシンプルなものを取り上げてきた。

しかし、現実の法律問題では、事態はもっと複雑である。そこで、現実に裁判で争われた法律事案を素材に作られたロースクール適性試験問題を次に見てみることにする。

問題6　以下の問題を指示に従って論述しなさい。なお、本問は、法的な知識を問うものではないので、法律の解釈論や判例・学説の羅列は評価されない。問題文に示された論点を用いながら、論理的で説得力のある文書を作成して欲しい。

A市は港町で、B国からの船舶が来航するため、B国人の船員が多数市内に繰り出し、商店街もB国語による案内板を設置したり、店員にB国語の研修をさせたりして歓迎していた。ところが公衆浴場では、入り方がよくわからないB国人が自己流で入浴し、日本人との間でトラブルが頻発した。そこで、A市公衆浴場組合に属するほとんどの公衆浴場では「外国人お断り」の張り紙を出して外国人らしき外見の客をすべて断るという手段に出た。これによって当のB国人はもちろん、B国以外の外国人、さらに日本国籍をもった外国系住民等が軒並み入浴を拒否されるという事態となり、A市の国際交流ブームが冷え込む結果となった。

A市の市民モニター懇談会では、モニターが市政全般について意見を提出することができる。モニターとして、この公衆浴場の外国人排除について容認または反対のいずれかの立場を明らかにして、懇談会に出席する意見書を書きなさい。

この問題をめぐっては、以下の論点が関係してくる。意見書作成にあたってはこれを参考にしつつ、その全部に触れる必要はなく、以下の論点リストにあげられていない論点をとりあげてもよい。自己の選んだ立場を支持する論拠になりうる論点と反対の論拠になりうる論点とにそれぞれ3点以上言及し、反対の論拠には反論を加えるなど、自己の選んだ立場が説得的になるよう工夫してまとめなさい。

〈論点〉

外国人の入浴習慣の違い

民族・国籍による区別の是非

客を選ぶ自由
日本人客へのサービス
地域振興
国際交流
言葉の壁
公衆浴場業の再生

（日弁連法務研究財団適性試験・表現力問題　2003）

この問題は素材として、平成13年に札幌地裁で実際に争われた民事の損害賠償請求事件をヒントにしたものと思われる。実際の生きた裁判事例を下地にしているためか、本問は、比較する対象を単純に数値化するのが困難であり、対象として扱う素材自体が、これまで見てきた択一式の適性試験のように条件が固定されていない点に特徴がある。つまり、条件が流動的で変化に富んでいるのである。言い換えれば、柔軟な思考を基礎に集合能力、比較能力、更に論証能力などを複合的に駆使して問題解決を図ることが求められているのだ。

解答の形式上、大枠としての方針をまず第一に決定しなければならないので、B国人を含めた外国人を公衆浴場に受け入れ、その延長線上でA市という一つの地域を活性化させるべきか、あるいは日本人客とトラブルを生じさせた外国人を公衆浴場から排除するか、いずれを選択するかの決断が、まず迫られることになる。

しかし、結論を出す前に、前提として思い出して欲しいのが先に紹介したリーガルマインドについての加藤説である。特に第三項の人権尊重の概念は非常に大切なポイントになる。人権は誰にでも等しくあるものだから、外国人を含め他人に対して理由のない差別をしてはならない。皆に平等に人権を認めていく、これは法曹人にとって論理以前に不可欠な視点である。問題からは、どちらの立場をとってもいいように受けとれるが、この大前提に立つと、よほどの強い根拠がない限り外国人入浴拒否に賛成する立場をとることは困難であろう。

では、良識に合った結論が外国人入浴拒否反対説だとして、果たしてその結論が正しいのか否かを、先の加藤説に沿って考察していこう。加藤説の内容を再確認しておくと、1複雑な法律問題を客観的、論理的に分析し法律問題になりうるものを抽出すること、2法律の条文や判例に則し、根拠に基づいて考えること、3人権尊重、4双方の主張に耳を傾けるという手続きの適正さ、5法的安定性を重視し、具体的な妥当性を重んじ、対立関係にあるものの実質的利益を衡量し、良心的な結論を導くこと、である。

ただし、本問は問題文中に法的知識を問わないとの記述があるので、実際には1の客観的、論理的分析、2の根拠に基づく考察、3の人権尊重、5の実質的利益衡量が答案をまとめる際に重要となる。そこで、争点となりうる「論点」を提示されている8点についてまず利益衡量し、ひとつの方針を打ち出してみることにする。それが次の見開きに掲げた類型表の論点の欄に記されている事柄である。

そして、下段に賛成、反対二説から、それがどう評価されるかを「論拠」と「批判」という形で分類してみた。

一方、9、10の新論点は、9が論証能力から、10が直感的着眼力、集合能力から導出できるもので、共に〃反対説〃を補強する論点であることはお分かり頂けると思う。

以上のように整理・要約能力を駆使し、類型表の論点を整理すれば、どの論点(争点)で何と何が対立・衝突しているかが一目瞭然となろう。本問では、このようなコンパクトな整理・要約能力が前提として要求されているものと思われる。

そこで、実際に答案をまとめる訳だが、この際、出題者の出した条件をきちんとクリアするということが重要となる。

問題文をよく読むと、最終5行目から、意見書作成にあたっての注意書きがある。ポイントは、意見書をまとめる際に以下の八つの論点を参考とし、自身のオリジナルな論点をとりあげても良い、ただし、自己の立場と、自己と反対の立場を支持する論点を、それぞ

外国人入浴拒否の是非／問題で与えられた8論点の類型表（利益衡量が主体）

論　点	賛成説に対して	反対説に対して
1.「外国人の入浴習慣の違い」 外国人は湯舟に海水パンツ姿で入り、浴場内で酒盛りをするなど、日本の入浴習慣や常識とかけはなれた行動をとり迷惑である。という考え方に立てば	◎ 論拠となる	☒ 批判となる
2.「民族・国籍による区別の是非」→人権概念 人は、人種、皮膚の色、性、言語、宗教、国民的ならびに社会的出身、財産、出生などのいかなる理由による差別も受けないというのは国際社会の重要な概念である。よって、民族・国籍により公衆浴場での入浴が許可されなければ、それは差別にあたり、普遍的な人権概念を欠く、となるはずだ。以上のような考え方に立てば	☒ 批判となる	◎ 論拠となる
3.「客を選ぶ自由」 公衆浴場といえども、経営者は私人であり、他の日本人客に迷惑をかけるマナーの悪い外国人の入場を拒む自由はある、という考え方に立てば	◎ 論拠となる	☒ 批判となる
4.「日本人客へのサービス」 従来から当地の公衆浴場を利用している日本人客を大切にすることがまず第一に重要だ、という考え方に立てば	◎ 論拠となる	☒ 批判となる
5.「地域振興」 そもそもA市はB国からの船舶が頻繁に来航するという港町の特性を有するものであり、すでに地方の単独事業として商店街にB国語の案内板を設置したり、店員に外国語教育をするなど初期投資を実施している。ところが、外国人の入浴を一律に拒否すれば、外国人のA市離れが起き、結果としてA市における消費活動が冷え込んでしまう。又、ひいてはA市の地域振興にとってマイナスとなる。このような考え方に立てば	☒ 批判となる	◎ 論拠となる

6．「国際交流」 日本人と外国人の裸のつきあいが、国際交流につながる、という考え方に立てば	☒ 批判となる	◎ 論拠となる
7．「言葉の壁」 マナーの悪い外国人に入浴マナーを指導しようにも、言葉の壁があり困難である、という考え方に立てば	◎ 論拠となる	☒ 批判となる
8．「公衆浴場業の再生」 不況下における公衆浴場業の再生の観点から、何よりもまず、集客が重要である、という考え方に立てば	☒ 批判となる	◎ 論拠となる

外国人入浴拒否の是非／新たな2論点の類型表

論点	賛成説に対して	反対説に対して
9．「外見による一律入浴拒否」 日本人入浴客とトラブルを起こした外国人が一体誰なのかが特定できていない。にも拘らず、外国人らしき外見の客の入浴を全て断ると、日本人を含む他の利用者に全く迷惑をかける恐れのない外国系住民なども排除されることになってしまう。↓論理の飛躍	☒ 批判となる	◎ 論拠となる
10．「"公衆"とは何か」 「公衆」とは、日本国民に限らず、広く入浴を希望する一般人を指す。	☒ 批判となる	◎ 論拠となる

れ必ず三つ以上選べとある。又、自説の反対説に反論せよとも記されている。

このような条件の多い論述問題の場合、文章を複雑な内容にしないことが肝要である。そして、答案の構成として、以下のように全体の設計図をシンプルにまとめる必要性も出てくる。すなわち、結論（自説）の明示→結論支持のための論拠説明→反対論拠→反対論への批判→結論（自説）の再提示という流れである。ここでも、何が自説の「論拠」で何が「反対論拠」で何が何に対しての「批判」になっているのかをすばやく捉える整理・要約能力が要求されている。

本問で言えば、人権重視の立場から自説として外国人入浴拒否反対説をとるならば、「反対説に対して」欄に○印が入っている論点が自説を支持する立場であり、×印は自説と反対の立場ということになる。つまり、自説支持の立場は、2の「民族・国籍による区別の是非」、5の「地域振興」、6の「国際交流」、8の「公衆浴場業の再生」、更にオリジナルな論点として、9「外見による一律入浴拒否」、10「〝公衆〟とは何か」、が加わることになる。

それでは、合計10の論点から、全体をシャープな答案にまとめるのに都合のいいものとして、次の設計図のように論点を選択し、答案をまとめてみることにする。

「整理・要約能力」、「論証能力」、「集合能力」が答案のどこにどのように反映されているかを確認して欲しい。

外国人入浴拒否反対説（結論）↓結論支持のための論拠説明（2、5〔6〕、8、9）↓
反対論拠（1、3、4）↓その批判↓外国人入浴拒否反対説（結論）の再確認

〈答案例〉

私はA市市民モニターとして、外国人の一律入浴拒否に反対する。以下にその理由を述べた上で、私の立場に反対する論拠に検討を加える。

一律入浴拒否に反対する論拠として、まず第一に「民族・国籍による区別」が妥当性を欠くという点が挙げられる。人は、人種、皮膚の色、性、言語、宗教、国民的ならびに社会的出身、財産、出生などのいかなる理由による差別も受けないというのは国際社会の重要な概念であるが、この普遍的人権概念と照らし、A市公衆浴場組合の措置はとうてい受け入れ難いからである。

第二に、A市の「地域振興」を促進すべきとの観点が挙げられる。そもそもA市はB国からの船舶が頻繁に来航するという港町の特性を有するものであり、すでに地方の単独事

業として商店街にB国語の案内板を設置したり、店員に外国語教育をするなど初期投資を実施している。この状況を勘案すると、一つのトラブルにより、A市の地域振興、さらにはA市の「国際交流」都市としての発展の可能性は、摘み取られるべきではない。

第三に「公衆浴場業の再生」という点が挙げられる。これは第二で述べた「地域振興」とも関わるが、不況下にあえぐ公衆浴場業を再生するには、まず何よりも集客が重要であり、外国人の入浴を一律に排除することは、この「経済の基本原則」に反するからである。

最後に、A市公衆浴場組合のとった「一律入浴拒否」が客観的合理性と妥当性を欠くという点が挙げられる。

A市公衆浴場組合は、B国人と日本人のトラブルを契機に外国人らしき外見の客すべてを断るという手段に出ているが、ここには論理の飛躍がある。

A市公衆浴場組合の依拠する論理は、A市公衆浴場でB国人と日本人がトラブルを起こしたという「根拠」から、トラブルの危険性のある外国人は公衆浴場での入浴を一律に拒否してもよいとの「結論」を導いている。

この主張はトラブルの中心となった外国人が一体何者なのかについての分析がなされていない点で短絡的すぎる。この背景には外国人らしき人物はすべて、一律に日本人とトラブルを起こすという〝隠れた前提〟が存在するのだろうが、この前提は明らかに誤りである。

以上述べてきた私のこの考えに対し、外国人の一律入浴拒否賛成派の論拠としては、「外国人の入浴習慣の違い」「客を選ぶ自由」「日本人客へのサービス」の三点が主たるものとして挙げられよう。

第一に、「外国人の入浴習慣の違い」が問題となる。確かに、外国人は銭湯の湯舟にスイムスーツのまま入り、浴場内で平気で酒盛りをするようなケースもあろう。しかし、これは外国人が日本の入浴習慣を理解していないことから生じるもので、教育による改善の余地がないわけではない。日本流入浴マナーに関し、公衆浴場側が外国語の案内板を設置するなどの策を講じ、積極的な働きかけをすれば済む問題なのである。

第二に公衆浴場にも「客を選ぶ自由」があるではないかという点が挙げられる。確かに、公衆浴場といえども経営者は私人であり、他の日本人客に迷惑をかける外国人の入場を拒む自由があるとも考えられる。

しかし、公衆浴場の「公衆」が、日本国民に限らず、広く入浴を希望する一般人を指すこと、また、その公共性から単なる民間企業とは異なる性格を持つことを勘案すると、客を断る自由にある程度の制限が加えられてしかるべきものと考える。

第三に、「日本人客へのサービス」がなおざりになるという点が挙げられる。確かに、従来から当地の公衆浴場を利用している日本人客が快く入浴できる環境は確保されるべきだ。

しかし、公衆浴場においてA市の日本人住民がB国人から受けた不快感と、自説の第二で挙げたA市の地域振興・発展とを利益衡量すると、大局的視点から、後者を支持せざるを得ない。マナーの悪い外国人客への誠実な働きかけ、すなわち、公衆浴場組合の不断の努力により、前者の是正は可能と考えられるからだ。

そして、A市公衆浴場における外国人と日本人の共生こそが、〝平等〟という普遍的な人権概念ならびに地域の興隆と合致すると考えるからである。

以上の諸点により、私はA市公衆浴場組合のとった外国人一律入浴拒否に反対の立場をとる。

以上

ある裁判の傍聴体験――仮説の実証

最後に、これまで概観してきた法曹の適性試験で問われている能力が、現実の裁判の場ではどのように機能しているか、それは果たしてペーパーで測られているものと同種のものなのか、について確認しておこう。

以下は、私の裁判傍聴体験に基づくものである。

現在、私はある裁判に注目し公判を傍聴するために東京地方裁判所に足を運んでいる。事案を簡単に説明すると、東京在住のX歯科医がアトピー性皮膚炎の治療と称して、患者の健康な歯の神経を抜いたというもので、医師法違反、詐欺、傷害、医療法違反の容疑で立件されたというものである。(注)

公判の開かれるある日、東京地裁に向かう電車の中で私は自分が検察官ならどのような論理、論証で歯科医の起訴事由を根拠づけるだろうか、反対に弁護人だとしたらどのような主張が有効だろうかと、思いをめぐらせていた。

その日の被告と弁護人との法廷でのやりとりはおよそ次のようなものであった。

弁護人　あなたは、Aという患者を知っていますね。

X　はい、よく覚えております。

弁護人　何年前の患者さんですか。

X　20年前に治療した患者です。

弁護人　あなたはこの患者にどういう治療をしたのですか。

X　通常の虫歯治療です。

弁護人　通常とはどういう意味ですか。
X　歯髄を取り、ネオクリーナーで清掃をし、ホルムクレゾールで消毒をし、仮封としてリン酸セメントを入れました。
弁護人　Aさんはどれくらいの期間治療したのですか。
X　約3ヵ月かけて、上下2本の虫歯の治療をしました。
弁護人　あなたは、その治療の過程でAさんから不思議なコメントをもらったとのことですが、それはどんなコメントですか。
X　先生に治療された日はよく眠れるといわれました。
弁護人　それはどういう意味ですか。
X　ええ、それはどういう意味ですかと聞いたら、私は、アトピー性皮膚炎でかゆくてかゆくて夜も眠れないのですが、先生のところで根管治療を受けてから、何だかアトピーが治ってきたとのことでした。
弁護人　アトピー性皮膚炎と歯の根管治療との関係についてあなたは考えたことがありますか。
X　深く考えたことはありません。しかし、何か関係があるのかな……とは思いました。

弁護人　根管治療をするとよく眠れるといった患者さんはAさんが初めてですか。
X　ええ。
弁護人　その後、そのような類似の患者に出会いましたか。
X　はい。
弁護人　時系列で一つ一つ説明してもらえますか。

この裁判に対する私の関心は、X歯科医の治療で一人でもアトピー性皮膚炎が治癒した患者がいたとしたら、その存在を検察官はどう評価し、裁判官はその事実をどう判断するのだろう、という一点に集約されていた。

そして、右記の被告人質問を見ても分かるように、まさに弁護人はそれを立証しようとやっきになっていたのである。

この裁判のポイントを論証能力との兼ね合いで論じるならば、およそ次のようになるのではないだろうか。〝X歯科医は通常の歯科治療の過程で、患者の思わぬ発言から、一つの所見を得た。それは、歯の根管治療とアトピー性皮膚炎との漠然とした因果関係を暗示するものであった。そして、同歯科医の証言によれば、彼は、それを確かめるべく医学に関する専門書を十分に検討し、研究を重ね二十数名の患者に独自の治療法を施した。結果として、その独自の手法により二十数名中数名の者についてはアトピー性皮膚炎が完治した〟。

以上の事柄を仮に弁護人の立場で簡潔な主張として要約すると「X歯科医は患者の思わぬ発言から、アトピー性皮膚炎に対する新治療法を思いつき、日々、医学専門書の研究を重ね、その成果を患者に実施した。そして、その新治療法で事実、数名の者が完治したのであるから、歯科医の行為は正当である」とでも、構成できそうである。

弁護人の主張がこのような方向性を持つとすれば、この論証構造を崩すこと（論理的反論）が検察側のなすべきことになる。つまり、最も有効な反論としては、X歯科医の主張する新治療法に対する研究の積み重ねが、系統づけられていず、根拠の無いもので、妥当性を欠くということを証明することであると思われる。

事実、傍聴席で私は検察官が与えられた責務を全うし、被告の犯罪を立証しようとする場面を目撃した。それは、被告人宅の家宅捜索時に押収、領置された、被告が研究したと称する専門書十数冊が被告の目の前に並べられたときであった。

検察官は、次のように簡潔に被告に問いかけた。

「あなたの研究されたという、アトピー性皮膚炎に関する専門書を、これまで、あなたはいつどのように研究されてきたのか、時系列に従って、順番に並べ替えてもらえますか」

この問いに、被告はただとまどうばかりで、動揺を隠せなかった。傍聴席に向けた背中が小刻みに動き焦燥感を漂わせていたのは事実である。裁判官が、どのような心証を形成するかの観点からすれば、被告側の主張に対する検察官の反論は見事に的を射ていたのである。この場面に法曹の論理力、論証能力の精髄を垣間見た感があった。検察官のこの論理的反論はまさに、本章で検証してきた法曹に必須と想定される能力因子に裏づけられたものだったのである。

(注) この裁判の一審判決は、2004年4月19日に東京地裁であり、被告歯科医師に懲役2年6月及び罰金80万円の実刑判決が言い渡された。

第5章 医学部入試問題から医師に求められる能力因子を考える

医師の適性を測る問い

医師の仕事はいうまでもなく人の生命に関わるもので、他の職業に比べたいへん重い責任を背負っている。したがって、それにふさわしい能力因子を具備した人だけがつくことのできる職業ともいえるのだ。

私は現在、ドイツ刑法（Strafrecht）の研究を専門とし、司法試験やロースクールへの入学を志望する大学生、社会人の指導を主たる業としているが、プライベートスクールとして、医師を目指す学生の勉強を時折、見ている。高田馬場の私の事務所を訪れる学生に対し、私は、その学生に医師の適性があるか否かを判断する素材として、次のようなテストを行っている。

まず、上のような図が描かれた一枚の紙を学生に見せる。そして次のような説明をするのである。

ある二種類の微生物ａ、ｂ（図中では小さい黒点で表して

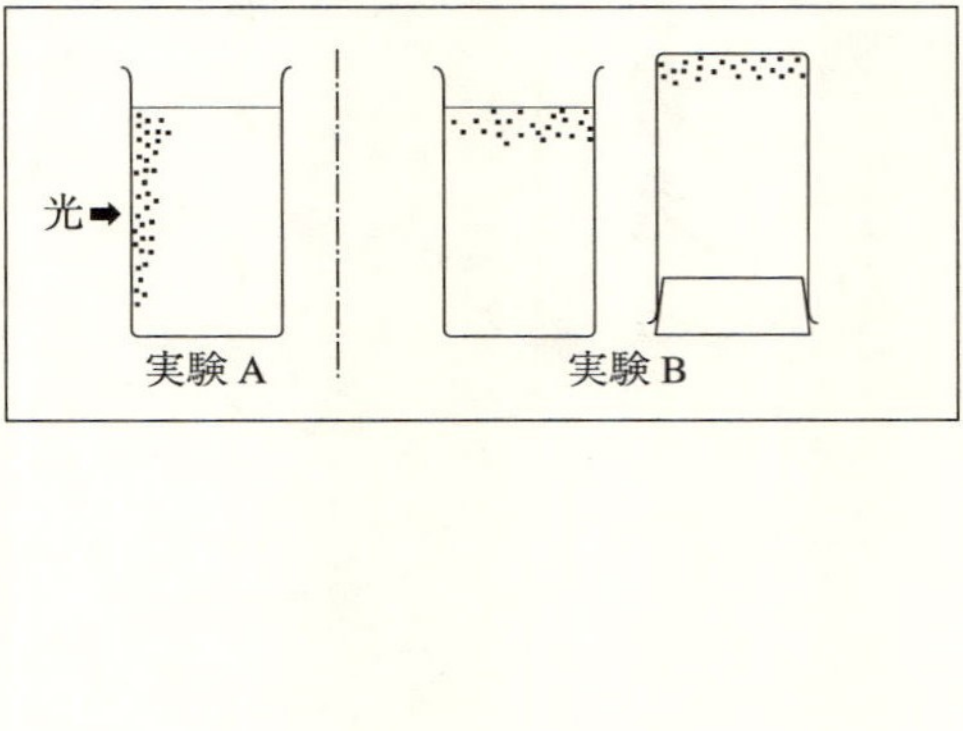

ある）を、種類別に培養液の入った透明な容器に分けて入れ、A、B二つの実験をすることにする。

実験Aではaに左から光をあててみた。そして、二つめの実験Bでは、暗所にbの入った容器を二つ準備し、そのうちの一方には空気を入れないように栓をし、逆さにして置いてみる。しばらくしてから観察してみると、微生物はそれぞれ図のような分布をしていたとする。

ここで問題である。さて、a、bは、一体どんな行動をとる微生物と推理できるか？また、二つめの実験Bにおいて、容器に空気が入らないように栓をして逆さに置く実験を加えたのは何故だろうか？

これは下等生物に多く見られる走性（ある刺激に対して一定の方向性を持った行動をとること。刺激の方向に向かうものを正の走性、反対に向かうものを負の走性という）についての出題だが、私が学生に求めているのは実は「走性」に関する知識ではない。実験を示した図から一体何が読み取れるかという推理能力とその実験結果をどう判断しているかを見ているのである。

それというのも、私が考える医師の適性とはまず第一に推理能力にあると思うからである。私の一つ目の質問に対し、まず、実験Aは光の方向を、実験Bでは重力の方向を微生物が感知して、それに対し一定の方向をとっていると答えられねば、よしんば彼が医師を志したとしても、その道のりは遠く険しいだろう。

この出題は医学部でよく問われる論点であるが、聡明な小学6年生ならば、十分に正答にたどりつくことが可能な問題である。

これに対し、二つ目の質問は、もう一段上の推理能力が要求されている。ポイントは、実験Bの左の容器の上方が開口しており、空気（酸素）に接している点である。微生物といえども生物であるから、好気性（酸素を好む）があり、容器の水面に上昇したとも推測しうる。

このように推理能力を働かせれば、実験Bの一方の容器に空気を入れないよう栓をしてひっくり返し、開口していない側を上方にした理由が自明となるだろう。つまり、栓のない容器で微生物が上面に移動したのが空気（酸素）に対する走性である可能性を否定するために、空気がなくても上方に移動することを確認する実験をしたということになる。

医師の職業というのは患者の症状、所見から、患者の抱える病が一体何かを推理することが第一義的に重要となる。その意味からも、パーソナリティとしての適性を、〝推理能力〟に絞り、私は右記のようなテストを試みているのである。

ある研修医の推理能力

医師の推理能力と言うと、「投薬・処方」や「問診」について興味深い話がある。種々の薬剤の有効性、安全性に関する情報発信をしている医薬ビジランスセンターの浜六郎医師に伺った話である。医師にとっての推理能力とその判断がどのようなものかを知るよい手掛かりになるのでここに紹介しよう。

浜医師がある病院で内科医長をしていたときのことである。風邪で上気道炎を起こしている患者にある研修医がPL顆粒《かりゅう》、ボルタレン、ボルタレン座剤の3種類の薬を処方しようとした。PL顆粒は総合的な感冒薬でボルタレンは抗炎症剤、ボルタレン座剤は頓用の解熱剤である。見識のある医師ならこのような処方はまずしないとのことだ。

浜医師が、君の処方は独自なものだけれど、こうした処方をどこで教えてもらったのかと尋ねたところ、彼はこう答えたという。「いいえ、自分で考えました」

誰に教えられたわけでもないというのである。そこで浜医師はいう。研修医を含め医師が自分で考えることは大切なことである。すべての症例それぞれに対して最適な処方が教科書に載っているわけではない。必要に応じて自分で考え、医学の教科書の隙間を埋めていくのは医師にとって大事なことである、と。しかし、この研修医の処方は上気道に炎症があるから抗炎症剤、熱を下げるためには解熱剤という極めて表面的な対症療法に過ぎない。

確かに自分で考えることは大切だが、思考の前提となる推理能力とその判断が不十分だと思考のピントがズレてしまう恐れがある。推理という重要なプロセスが十分に機能していないと、重大な医療過誤を引き起こしかねないのだ。

新しい手法を試す場合は常にリスクを考えに入れておくことが大切だと、浜医師は強調する。この研修医には薬を使用する際のリスクへの考察が抜け落ちているといわざるをえない。つまり、副作用について全く考えられていない。

確かに患者の症状を抑えるためには、この処方は有効かもしれない。

しかし、それは症状に対する攻めの投薬であり、防御（リスクに対する配慮）がまったく考えられていない。事実、抗炎症剤のボルタレンには感染症悪化や脳症発症のリスクがあるという。仮に薬の副作用が生じても、こうした医師は「そんなはずはない」と思いがちで、いずれ、患者の健康を損ねてしまう恐れがあるのだ。この投薬によるリスクとベネフィット（利益）のバランスは、薬の効き目と副作用について、その差引き残高がどれだけ残るか、という非常に高度な利益衡量（比較能力）の問題をはらんでいるのだが、それについては後に詳しく述べる。

さて、一方の問診についても、推理能力との関係が深い。浜医師によれば、医師の推理能力は問診によって鍛えられるともいう。いかに丁寧に問診を行うかは非常に大切なことだが、それが軽視されているのではないかと浜医師は憂慮している。

例えば咳《せ》き込んでいる患者がいたとする。咳と一口にいってもその原因は心臓に由来するのか、呼吸器なのか、あるいは薬剤、化学物質が原因なのか、様々なケースが考えられる。こうした場合も丁寧な問診を行うことでほとんどの原因はわかるものだという。つまり問診とは推理を働かせる基礎データを得る行為なのである。そこで原因を絞り込み、疑わしいものについては検査をし、最終的な判断をくだすことになる。

かつての私の教え子に長い間36℃強の微熱が続き、体の不調を訴えた学生がいた。病院へ行くことを勧めたのだがとりあえず、町医者で診察してもらった。だが、原因はなかなか判明しなかった。1ヵ月が過ぎた。あまりにおかしいので、大学の附属病院で大がかりな検査をした。そこで腎臓ガンと判明したときにはすでに手遅れで、若い命を落としてしまった。

浜医師に伺うと、腎臓ガンは推理が難しい病気なのだという。明らかな症状が現れたときにはすでに手遅れになっていることが多いというのだ。もし、という考えは無益なことかもしれないが、しかしもし、経験を積んだ医師が初期に丁寧に診察してくれていたら、彼の命は助かったかもしれないという思いは未だ消えないでいる。

このように、医師の推理能力は直接、患者の生命に関わる重要なものである。だからこそ、医師を目指す学生に対して課される医学部の入学試験では、私がこの章の冒頭に述べた適性（推理能力）が検査されているように思われてならないのだ。

医学部入試英語で問われるもの

いくつかの医学部の入試問題を見ていこう。まず、聖マリアンナ医科大学の問題を紹介する。英語の出題であるが、その内容は実は、推理能力を問うものである。念のために設問の訳文をあげておこう。

5人の同僚は毎日、車で仕事に出かける。誰がどの車を運転しているか、また、各人の通勤時間がどれほどかかるかを推論しなさい。

ポールの運転時間は黄色い車を運転する者の2倍で、オリヴィアが自分の赤い車を運転する時間の4分の1である。

ネヴィルの通勤時間はマーティンの10倍である。緑色の車の所有者は、通勤時間がネヴィルの半分で、一方、リンダの通勤時間は最も通勤時間が短いマーティンの5倍である。黒い車の所有者の通勤時間は最も長く、青い車の通勤時間は赤い車の4分の1である。

問題1　次の英文を読んで、表の空欄(1)から(10)を埋めなさい。

Five colleagues set off for work each day in their vehicles. Work out who drives which and how long they each drive to work.

Paul drives for twice as long as the driver of the yellow car and a quarter of the time that Olivia has to drive in her red car.

Neville has ten times more traveling time than Martin to get to work.

The green car's driver travels for half as long as Neville, while Lynda takes five times longer than Martin, who has the shortest journey.

The black car has the longest traveling time, and the blue car has a quarter of that of the red car.

They each drive to work for 5 minutes, 10minutes, 25minutes, 40 minutes, and 50minutes.

Name	Color of Car	Time
Lynda	(1)	(6)
Martin	(2)	(7)
Neville	(3)	(8)
Olivia	(4)	(9)
Paul	(5)	(10)

(聖マリアンナ医科大学　1997)

以上5人の通勤時間はそれぞれ5分、10分、25分、40分、50分である。

こうした推理、推論の問題ではまず問題のポイントを整理することが大切である。

通勤時間と車の色について問題文を整理すると、

ポール＝黄色×2・・・・・・・・・・①
ポール＝オリヴィア(赤)×1／4・・②
ネヴィル＝マーティン×10・・・・・③
緑＝ネヴィル×1／2・・・・・・・・④
リンダ＝マーティン×5・・・・・・⑤
マーティン＝5分・・・・・・・・・⑥
黒＝50分・・・・・・・・・・・・・⑦
青＝赤×1／4・・・・・・・・・・・⑧

以上①から⑧までに整理できる。

すると、⑥のマーティン＝5分を⑤へ代入して、リンダ＝5分×5＝25分、また、③よりネヴィル＝マーティン×10であるからネヴィル＝5分×10＝50分となる。

ここで、通勤時間に関しては、残るのは10分と40分で、確定していないのが、ポールとオリヴィアだから、②の条件より、ポール＝10分、オリヴィア＝40分と決まることになる。

車の色については、②よりオリヴィア＝赤、⑦よりネヴィル＝黒、②と⑧よりポール＝青、①よりポール（青）＝黄色×2＝10分で、黄色＝5分だから、マーティン＝黄、残るリンダ＝緑ということになる。

従って答えは、

（1）green　（2）yellow　（3）black　（4）red　（5）blue
（6）25minutes　（7）5minutes　（8）50minutes　（9）40minutes
（10）10minutes

この問題のポイントは、普通に解くのであれば、右記のように①から⑧までの条件をきちんと丁寧に推論し、積み上げていけば良い、ということになる。又、それで十分に正解にたどりつくことが可能である。ただ、与えられた5人の通勤時間に着目し、一段高い推理能力を働かせると、以下のような解き方もあるだろう。

すなわち、②から4倍の関係になっている二つの数字は、10分と40分しかないから、ポール＝10分、オリヴィア＝40分、また、残る5分、25分、50分で、③のように10倍の関係になるのは、5分と50分しかないため、ネヴィル=50分、マーティン=5分と決まり、残るリンダは25分になると推論していくことも可能なのである。

あとは、車の色は①④⑦⑧の条件から導出可能ということになる。いずれにしても、与えられた複数の条件から、ある事実を推論し、導き出す能力が問われていることは間違いない。

これは患者の初期症状の段階で病気の本質を見抜く医師としての推理能力を試す良い問題だと思う。そして、おそらくこの問題を10分以内で解けないと医学部入学は難しいだろうし、また、医師としての適性も十分とはいえないのではないだろうか。

データ解析の素養

医学部入試には推理能力を試す問題が目白押しである。次に東京女子医大の問題を検討してみよう。動物(タコ)の行動に関する生物の問題の形式をとっているが、その内容はグラフの意味するものを読み解き推理能力を働かせることである。データを解析して推理・判断を下す医師にとって重要な能力が問われているのである。

問題2　タコの行動実験について次の問に答えよ。

1匹のタコを水槽で飼う。餌としてカニを与えると、タコはカニを見つけ次第、攻撃し、捕らえて食べる。

カニの与え方を次の2通りにする。①、②ともそれぞれ1日に3回ずつ行う。

①カニだけを与える。……………………………(○)

②カニを与えるとともに白い四角形を見せる。………(●)

はじめの2日間

①カニだけの場合(○)………タコがカニを攻撃→そのままにする

②カニと白い四角(●)………タコがカニを攻撃→そのままにする

3日目以降

①カニだけの場合(○)………タコがカニを攻撃→これまで通りそのままにする

②カニと白い四角(●)………
- タコがカニを攻撃
  ↓罰としてタコがいやがる弱い電気刺激を与える
- タコがカニを攻撃しない
  ↓電気刺激を与えずそのままとする

次のグラフには、3回の試行あたりのタコの攻撃の回数が示されている。

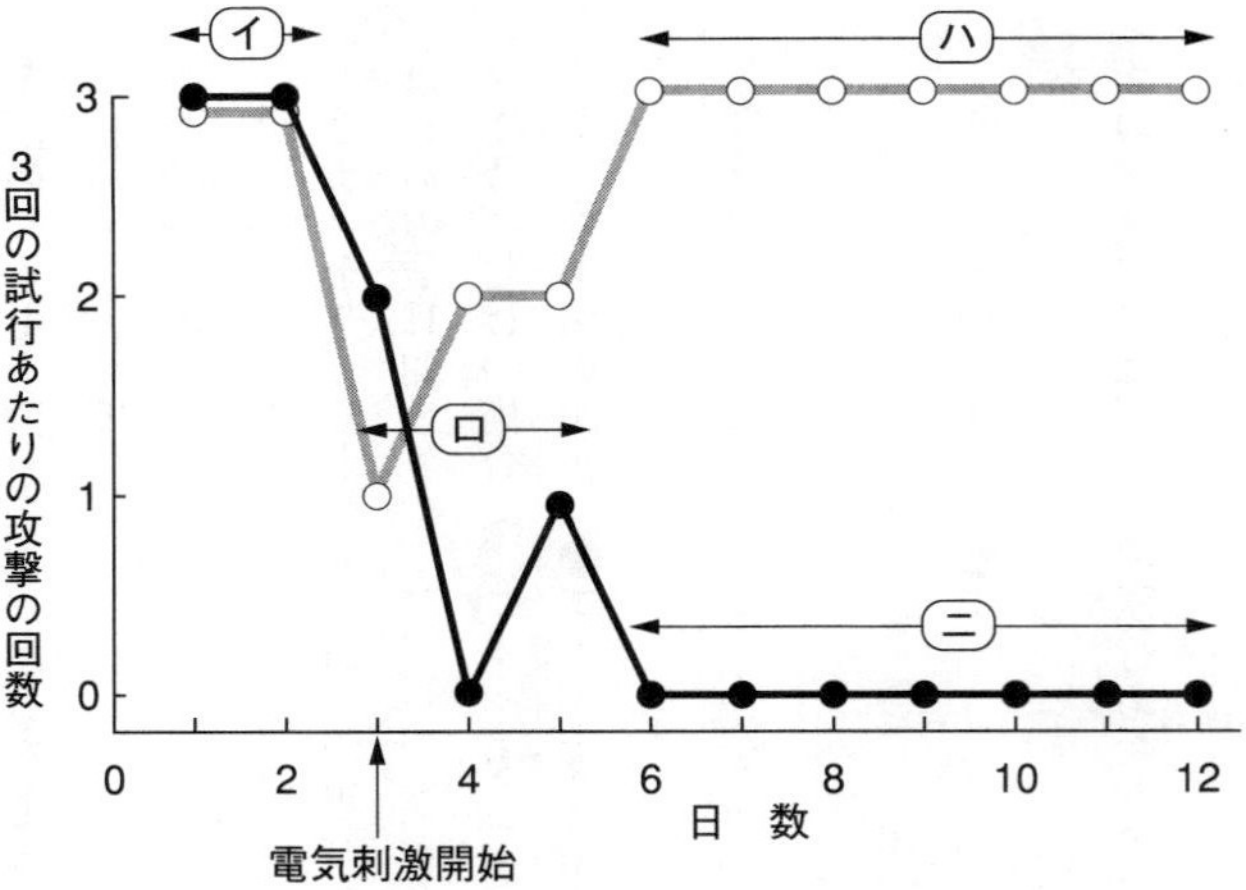

（1）次の期間中にタコはどのような行動をしているか。グラフより読み取り、適当なものをa～gより選んで解答欄に記入せよ。

①1～2日（グラフのイの部分）

②3～5日（グラフのロの部分）

③6日以降（グラフのハの部分）

④　〃　（グラフのニの部分）

a　四角形があるときだけ、カニを攻撃する。

b　四角形があると、カニを攻撃せず撤退する。

c　四角形のあるなしにかかわらず、カニを攻撃する。

d　四角形のあるなしにかかわらず、カニから撤退する。

e　四角形のあるなしにかかわらず、カ

ニを用心し、攻撃したりしなかったりする。
f　四角形がないときだけ、カニを攻撃する。
g　四角形がないと、カニを攻撃せず撤退する。
（2）　次のa〜gについて、この実験から分かることならば◯、そうでなければ×を記入せよ。
a　タコには、白い四角形を避ける性質が生まれつき備わっている。
b　タコは、四角形と罰を関連づけることができる。
c　タコは、カニを見つけると、罰を受ける経験を重ねても必ず攻撃する。
d　タコは、カニだけのときと、カニと四角形と両方があるときとを区別することができる。
e　タコは、カニだけのときと、カニと四角形と両方があるときとを区別できない。
f　タコは、どのようなときに電気刺激の罰を受けるのか、いつまでたってもわからない。
g　タコは、一度カニを攻撃して罰を受けると、その後決してカニを攻撃しなくなる。

（東京女子医科大学　1998）

最初の2日間は白い四角形のあるなしにかかわらず、タコは3度ともカニを攻撃している。この期間は電気刺激を与えていないので、タコにとって白い四角形は何の意味も持っていないと考えられる(イの部分)。

3日目、電気刺激を与えるとカニを攻撃する回数が減る。ただし、カニだけを与えた場合でも攻撃回数が減っているのは、白い四角形と電気刺激の関連が十分認識されていないからだと推測できる。また、4日目はゼロであるのに5日目は状況が変化している。白い四角形の存在にもかかわらず、タコは、一度だけカニを攻撃している(ロの部分)。

6日目以降はカニだけの場合はすべて攻撃し、白い四角形があるとすべて撤退している。つまり、白い四角形があるにもかかわらず一度攻撃した5日目の経験により、白い四角形と電気刺激の関係を完全に学習したと考えられる(ハ、ニの部分)。

このグラフからはタコの行動に関して以上のことが読み取れるはずである。すなわち、タコも捨てたものではない、知恵があるということがよく分かる。できの悪い人に、「このタコ!」などとなじることは、矛盾していることが分かるだろう。そして、答えは以下のようになる。

(1) ①c　②e　③f　④b

(2) a—×　b—○　c—×　d—○　e—×　f—×　g—×

各種の検査結果などデータを正確に読み取り、推理・判断の手掛かりにすることの大切さはすでに述べたが、問題のグラフの読み取りに即していえば心電図の解読との関係が挙げられよう。日本の医療事故調査会の代表世話人である森功医師によれば、日本の若い医師には心電図を読めない者が少なくないという。複雑な心電図を読むにはかなりの経験が必要なので、若い医師にそれを求めるのは無理な面もあるそうだが、少なくとも様々なデータに潜む「変化」を把握する訓練は大いに積むべきだという。それには、繰り返すようだが推理能力、さらに全体の中で部分的変化を見分ける能力が必要になってくるのだ。

興味深い報告書

以上見てきたように、医師にとって推理能力はやはり重要な位置を占めているようだ。そして、このことを更に補強する興味深い報告書があるので紹介しておこう。「医師国家試験の出題形式の改善に関する研究」というもので私の知人の医師から入手したものである。

これは、日本の医師国家試験にアメリカの医科大学協会が実施している医学部入試の統一試験で使われている Skills Analysis 法を導入したらどうか、という研究報告である。

Skills Analysis 法とは「記憶力だけではない人間の能力を評価するために開発された手法」である。簡単にいえば、医師を目指す者に対し、単に知識の量ではなく批判的思考能力や推論能力など総合的な問題解決能力を測る手法である。

つまり、裏を返せば、日本の医師にはそうした面が不足しているということだろう。推測すると、推理・判断能力が不十分な医師が誤診など医療過誤を犯す恐れがあるため、アメリカの制度を見習い、医師の適性のない者を前段階でふるいにかけようということではないか。そのように解釈しうる。

では、この研究報告書に収められていた、全国の医学生を対象に実施されたSkills Analysis を参考に作成された試行試験問題を紹介して、医師の推理能力の検討の締めくくりとしよう。

問題3　次の資料を見て設問に答えよ。

次の①~⑩の図は、どれもガラスで作られた容器です。形はまちまちですが、どの容器も、水をいっぱい入れると、ちょうど同じ量だけ入るようになっています。また、どの容器も高さが等しく、ガラスの厚さも皆同じです。

次のグラフは、この10のガラス容器のうちのどれかに水を入れた場合の水の量と、その

①　②　③　④　⑤

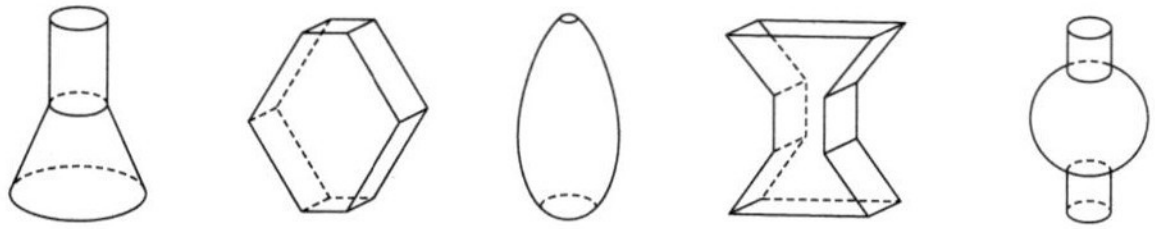

⑥　⑦　⑧　⑨　⑩

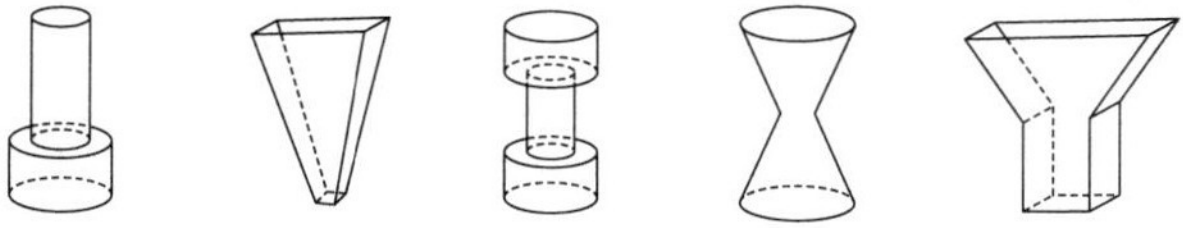

グラフ1

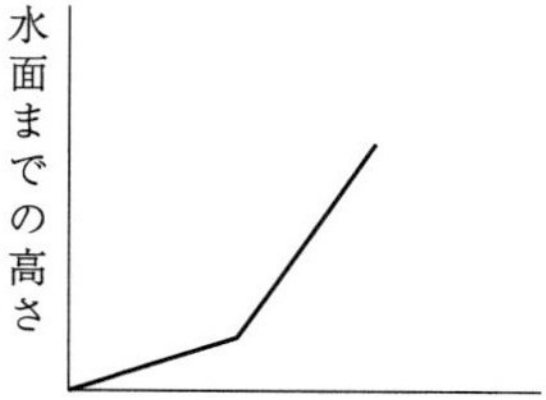

a①　b②　c⑥　d⑨　e⑩

グラフ2

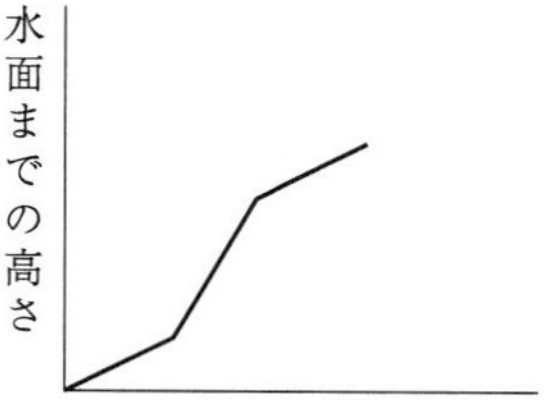

a③　b④　c⑤　d⑦　e⑧

ときの底から水面までの高さとの関係を表したものです。1、2のグラフに該当する容器をグラフの下にあるa～eの中から選びなさい。

小学校受験でも、容器に水を入れる問題が出題されていたが、一見するとこの問題は、日本の中学受験の問題のようにも見える。グラフの意味を読み取り、それを判断材料として推理能力を働かせる問題としては、レベル的にも第2章で取り上げた慶應普通部の問題と類似している。

まず、二つのグラフが直線で構成されていることに着目しよう。横軸は水の量、縦軸は底から水面までの高さを表しているので、グラフが直線ということは、単位あたりの水の量に対して、一定の割合で水面までの高さが変化していくこと、つまり底面積が変わらないことを意味している。底面積が徐々に変わる形をした容器の場合なら、グラフは曲線を描くはずである。よってこの時点で⑥と⑧に絞られる。

グラフ1の場合、初め直線の角度がゆるやかで、途中から急角度になっている。底面積が大きくなればある量の水を注いだ時の水面の高さの変化は小さくなるのだから、容器下部の底面積は比較的大きく、途中から底面積が小さくなっている容器であるはずだ。

グラフ2は、最初と最後の直線の傾きが比較的ゆるやかで、途中に急なところがある。

これは、容器の上部と下部が比較的底面積が大きく、中央部分が狭くなっている容器であることを意味している。
よってグラフ1がcの⑥、グラフ2はeの⑧となる。

データの持つ情報、特に「変化」を正確に読み取り、その分析を通して推理能力を働かせ最終的判断に達するのは、医師に必須の基本的能力である。先に紹介した浜六郎医師の「丁寧な問診でたいていのことは判別しうる」という言葉は、その意味でもたいへん重みがある。
医師が相手にするのは生身の人間である以上、患者の言葉や表情は何よりのデータといえるだろう。つまり、医師とは優れた〝人間洞察家〟であるべきなのだ。そして、患者の痛み、苦しみを知り、その人を病から解放してあげたいという気持ちが強いほど、問診の際に、患者に対して集中し、患者の病巣を読み取る能力が増幅されるのである。

臨機応変の工夫の背後にあるもの

人の生命を預かる医師は、今まで見てきたように、まず患者の愁訴から、病巣が、その患者のどこに潜んでいるかを推理することが第一義的に重要であろう。しかし、推理能力がすべてなのではない。患者の生命、健康を保護するために、現時点で、最大の利益となることを医師は常に考え、実行しなければならない。

すなわち、医師にも特有の利益衡量能力が求められるのである。以下にそれを順次検証していこう。

まず、以下の日本大学医学部の数学の入試問題を見て欲しい。一見すると、とても数学の問題とは思えないが、この十数年、私立医科大学を中心に多くの医学部入試問題に触れてきた私の目には、〝近時流行の数学の問題〟と映る。数学と言えば、依然として難解な微積分や数列などを出題している大学も存在するのは確かである。しかし、インフォームド・コンセントの普及や、患者の権利、利益を擁護することが強く医師に求められる昨今の医療現場の風潮により、バランスの良い臨床医としての資質・適性を見ようとする姿勢が、特に医科大学には、顕著になりつつある。

すなわち、「知識の量」よりも「論理的な考え方」や「バランス感覚」を医学部入試で問う姿勢が現れているのである。

これは、ここに紹介する数学の入試問題に限ったことではない。数学、理科、英語、小論文という科目の枠を越えて、医学部入試で〝論理力〟を問う出題は増えつつある。

問題4　医師は患者を助けるのに最大の努力をするのが使命である。そのためには多くの知識・経験が必要となるが、同時に臨機応変の工夫も必要である。ここではその工夫の一例を考えてみよう。

いまベッドが1つしかない場所で、患者の処置をしなければならないとする。患者をベッドに直接乗せれば、ベッドに付着している菌が患者に付着する可能性があり、複数の患者を順番にベッドに乗せるなら、前の患者の菌がベッドを経由して付着する可能性がある。そこで、ベッドの上に無菌シーツを敷き、その上に患者を乗せて汚染を防ぐことにする。この無菌シーツは、両面とも完全に殺菌されたものであり、片面が汚染されても、シーツの内側を経由して他の面に菌が移ることはないとする。

さて、n枚の無菌シーツがあれば、当然ながらn人の患者を処置することができる。だがもし無菌シーツの数が少ないときは、何人までの患者を処置することが出来るであろうか。

まず、1枚の無菌シーツしかなければ、1人の患者しか処置できない。なぜなら、無菌シーツの片面は患者と接触し、他の面はベッドと接触し、両面とも汚染されてしまうからである。

次に、2枚の無菌シーツがあるとする。この場合、2人の患者を処置することは出来る。1回の処置ごとに無菌シーツを取り替えればよいのである。では、3人の患者を処置することは出来るであろうか。

　これを考えてみる。

　いま3人の患者をX、Y、Zとし、ベッドをBで表すことにする。2枚の無菌シーツをS1、S2とし、無菌シーツの各面をα面、β面とする。

(手順1) シーツS1のβ面を下側にしてベッドBにかぶせ、さらにその上からシーツS2を、α面を下側にしてかぶせてから、Xの処置をする。

(1) 表1の表は無菌シーツを表している。表のXは、無菌シーツのこの面にXが接触したことを示している。シーツの残りの部分にX、Y、Z、Bのどれが接触したかを、表に記入しなさい。X、Y、Z、Bのどれも接触していない部分には○を書きなさい。

表1

	α	β
S1		
S2		X

（手順2）シーツS1は脇に置いておき、S2のβ面をベッドBにかぶせ、Yの処置をする。（もちろん、シーツの交換、脇に置いておくなどの動作中、汚染はないものとする。）

（2）（1）と同様に、表2を完成しなさい。なお、表2のXBは、この面に最初にXが接触し、つぎにBが接触したことを示している。（以下、複数回の接触があるときは、前に書いてある文字の右側に新しい文字を書くこととする。）

（手順3）シーツS2は脇に置いておき、S1のβ面をベッドBにかぶせ、Zの処置をする。これで3人の処置が終わる。

（3）最終的に、2つのシーツの各面の汚染はどのようになっているか？　表3を完成しなさい。

（日本大学医学部　数学　2002年　一部略）

表2

	α	β
S1		
S2		XB

表3

	α	β
S1		
S2		

手順1

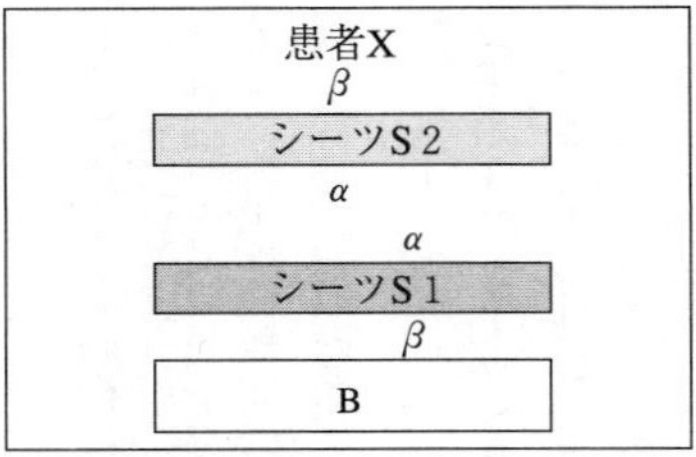

かなり込み入った設問である。しかし、手順1～3が示されているので段階的考察が可能で、手順ごとに図解してみれば状況把握はできる。

まず、手順1の場合は次のようになる。

シーツS1のβ面はベッドBに接触、シーツS2のβ面は患者Xに接触してそれぞれ汚染されている。シーツS1、S2のα面同士は両面とも無菌状態なので汚染はされていない。すると（1）の表は下のようになるはずである。

手順2の場合はS2のβ面、つまり、手順1でXと接触した面をベッドに接触させる。そして無菌状態のα面に患者Yを乗せる。

この状態を表2に書き込むと左下のようになる。

表1

	α	β
S1	○	B
S2	○	X

手順2

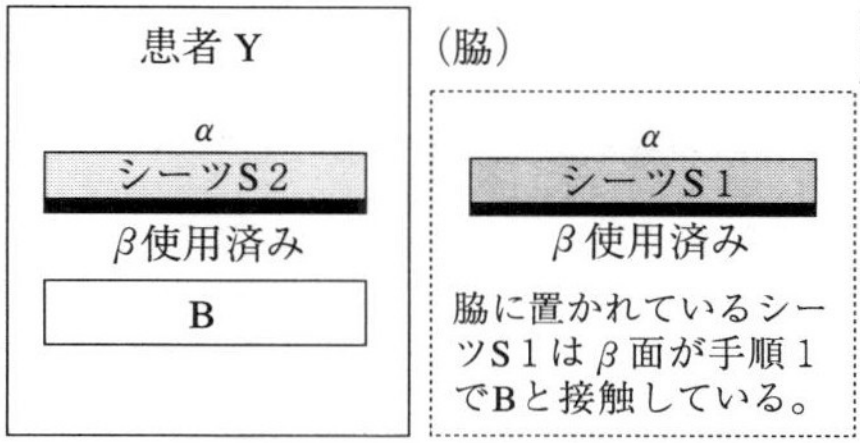

手順3では、脇に置いておいたS1を再使用し、すでに汚染されているβ面を再びベッドにかぶせ、無菌状態のα面に患者Zを乗せる。この結果を表3に書き込むと、次頁のようになる。

n枚のシーツがあればn人の患者を処置できるのは当然として、患者よりシーツの数が少ないときどんな工夫をすれば一番効率的に処置できるかという問題で、数学的に説明すれば（2n−1）人の処置が可能ということになる。

その証明は本書の目的ではないので省くが、ここで問われているのは、いかに効率性を上げられるかなのである。

10枚のシーツで10人の患者を処置するには、10人をただ10枚のシーツにのせればよい

表2

	α	β
S1	○	B
S2	Y	XB

手順3

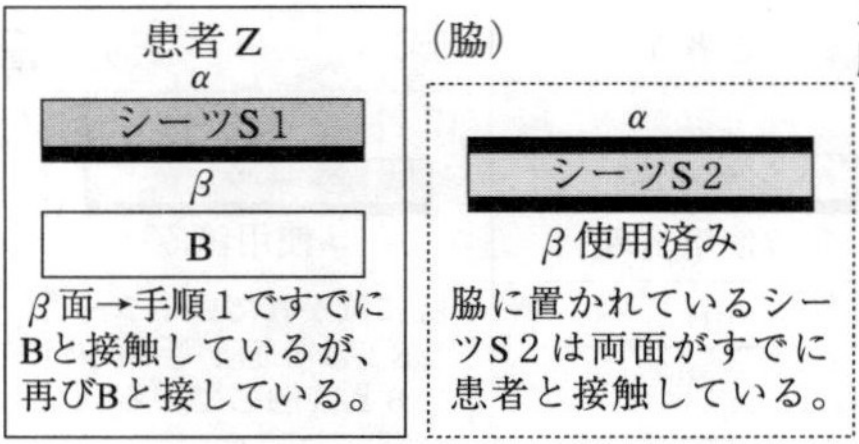
患者Z
α
シーツS1
β
B
β面→手順1ですでにBと接触しているが、再びBと接している。
（脇）
α
シーツS2
β使用済み
脇に置かれているシーツS2は両面がすでに患者と接触している。

わけだから、当たり前である。限られた10枚のシーツで、最大何人の患者を処置しうるかが問われているのであり、2×10－1＝19人の患者を処置しうるのだというところまで思い及ばねばならないのである。

その際、思考のプロセスとして、シーツをベッドにかぶせるのに、一度汚染された面でもベッドに触れる側にする分には何ら問題がないという点に着眼できねばならない。ベッドは病気に罹患《りかん》しないからである。無菌状態はあくまで患者に接触する面に求められているのであり、ベッドに対しては何度でも（本問では二度）使用可能だということに気づかねばならない。

自己の置かれた状況、すなわち、医療の現場の限られた人的資源、物的資源を使い、ど

表3

	α	β
S1	Z	BB
S2	Y	XB

のように行動すれば、最大限の仕事をなしうるかを考察すること、これこそが医師に求められている能力なのである。これは、与えられた条件内で、最良の処置を施すという能力であり、このケースで言えば、ベッドに一枚一枚シーツをかぶせるという手法と、本問で解き明かした手法とが、利益（この場合は処置できる患者数）の側面から比較衡量できていなければならないのである。

医師は突発的な事態に臨機応変に対応し瞬時に判断をくださねばならない場面に、日常的に直面する。それは、日本大学医学部の問題に示されたような状況ばかりではない。その際に、与えられた条件の中で最大の効率性を導く判断を利益衡量という能力因子を通じてなさねばならない時が必ずある。本問はそれを問うているのである。

緊急時における利益の選択

『Dr.コトー診療所』（山田貴敏作・小学館刊）というマンガはテレビドラマにもなったので、ご存知の方も多いだろう。孤島の診療所に赴任した青年医師、Dr.コトーこと五島健助が恵まれない医療環境の中で医師として懸命に働きながら、島民の信頼を得ていくというストーリーである。

この物語には第1話から非常にシビアな利益衡量の問題が提起されている。まず、第1

話の粗筋を紹介しておこう。

島の少年タケヒロが虫垂炎にかかる。五島の診断では腹膜炎を併発しており、虫垂がいつ破裂してもおかしくない状態になっていて緊急の手術が必要だ。しかし、少年の父親の漁師は島の診療所では手術を許可しない。本土の設備の整った病院に連れて行く、という。

実は彼の妻は3年前、五島の前任の医師に心臓病を単なる風邪と誤診され、命を失ったのである。そんなにがい経験を持つ漁師は島の医師に強い不信感を抱いているのだ。「この島に来る医者で、真剣に医者をやろうなんてやつは、いなかったんだよ」

漁師は息子を自分の漁船に乗せ本土の病院に向かう。五島は看護婦と二人で付き添いとして船に乗り込む。本土までは6時間、港から目的の病院まで救急車で30分。五島の判断では少年の症状は6時間半はもたない。五島は隙をみて船のエンジンキーを海に投げ捨て（たふりをして）、強引に父親を説得し、船上で開腹手術に踏み切る。幸い手術は成功し、タケヒロ少年は一命を取り留める。摘出した虫垂は大人でも珍しいほど肥大していて、一部は破れ膿《うみ》が出ている状態だった。まさに間一髪で少年の命は救われたのだ。

五島は少年の命を救った。医師としては立派な行為である。しかし、五島の行動はすべてを正当化できるだろうか。ここには医師が直面せざるをえない利益衡量という大きな問題が潜んでいる。

まず、手術をするには少年が未成年であれば親権者である父親の承諾が必要である。しかし、父親は島の診療所の医師を信頼しておらず、本土の病院での手術を希望している。ここには少年の命と親権者の意思が対立しているという構図がある。つまり、患者（この場合は父親）の自己決定権という「利益」と救助される生命という「利益」が対立しているのである。

患者の生命が緊急手術を必要としているのであれば、自己決定権を侵害してもそれをなすべきかという、いってみれば究極の利益衡量がなされねばならない場面なのである。このときの医師の判断能力はたいへん重い意味を持つ。五島は本土の病院に着く6時間半の間に少年が命を落とすリスクの方が大きいと判断して手術を決行するわけだが、もし、父親の意思を尊重して本土にそのまま行かせても医師が責任を問われることはない。しかし、少年の生命はその間に失われるかもしれないのだ。

医師に求められる利益衡量とは、直接患者の生命に関わるケースが少なくない。まして、緊急を要する場合は熟慮している時間はないのだ。推理能力、直感的着眼能力、利益衡量能力などを総動員して瞬時に判断をくださなければならない。その意味では医師とは苛酷な職業であり、それだけ高次元の卓抜した能力が求められているのである。

患者の自己決定権と衝突する医術的正当性

「患者の自己決定権を無視した医療は、すべて傷害罪にあたる」という立場をとる学者がいる。患者の意思を尊重する意味では一理ある説だと思う。しかし、私は必ずしもそうは思わない。科学的に正当な根拠に基づいてくだした判断、すなわちＥＢＭ（evidence based medicine）にのっとった医療判断が、患者の自己決定権と対立する場合、患者の生命に関わる場面では生命を救う医療行為が上位にあるのではないかと考える。ただし、患者の自己決定権を保護するために、オーストリアのように専断的医療罪という新しい犯罪構成要件を設けて懲役1年以内で軽く処罰をすべきではないかと考えている。これが現在、私の研究課題になっている問題である。

右の傷害罪との関連で、ドイツのハルトマンが次のようなことを述べている。

無頼漢にナイフで刺された患者が病院に運び込まれたとする。処置をしようとした医師に患者が何らかの理由から「治療をしないでこのまま死なせてくれ」と言ったとする。このとき、医師が患者の意思を無視して治療をし、生命を救助したとしたらその医師は傷害罪に問われるのか。ナイフで相手を刺した無頼漢は当然傷害罪になるだろう。もし医師も傷害罪に問われるならば、犯罪者のナイフと医師のメスを同一視することになってしまう。果たしてそれでよいのだろうか。

話をもう一度Dr.コトーに戻す。五島が船上で手術に踏み切るとき、親権者である父親の承諾を得た手段はやや強引である。しかし、五島は少年の生命との利益衡量の結果、そうした手段を選択したのであり、幸運にも手術は成功した。生命の喪失を防ぐのは医師として第一義の職業倫理であることを考慮すれば、五島の利益衡量は正当であったというのが私の立場である。

もちろん、これは緊急の場合である。患者の容態に余裕がある場合、すなわち、少年の容態が6時間半以上の安定を保てるならば、設備の整った本土の病院で手術を受けるのがより良いはずだ。医師の判断は患者の状態や置かれている状況などを総合的に利益衡量してくだされなければならないのである。

最後にこれは余談であるが、五島がとった強引な手段、つまり船のキーを海に投げ捨てたふりをして父親の承諾を得たのは、一種の欺罔《ぎもう》行為（詐欺的行為で相手を錯覚に陥らせること）に当たる。相手を騙すことで手術を行い報酬を得たとすれば詐欺罪に問われる可能性をはらんでいる。しかし、報酬を得ないとすれば、医師の仕事として成立しないわけで、痛しかゆしである。いずれにしても五島の行為は、かなり危うい要素も含んでいる点にも注意する必要がある。

薬害エイズ事件における利益衡量

医師が判断しなければならない利益衡量について、もう一つの例を挙げておこう。HIVの感染で社会的にも大問題になった非加熱製剤の使用に関してである。非加熱製剤は凍結せずに使え、家庭療法が可能という点で医師にとっても患者にとっても非常に便利な使い勝手のよい製剤であった。ところが83年の1月、イギリスの医学雑誌「The New England Journal of Medicine」に非加熱製剤の中にはエイズウイルスが混入している可能性があるとの論文が掲載されたのである。

当時、日本では非加熱製剤が使われていた。ということは、日本では科学的にも一般に医療水準の高い手技・手法として認められていたということである。ところが、それが外国の医学論文で否定されてしまった。

それでは、この場合、非加熱製剤の使用をいつ中止し、安全性が高いといわれるクリオ製剤に転換すべきなのかという問題が生じてこよう。先に述べたように非加熱製剤は医師にとって便利な製剤である。一方のクリオは凍結した製剤を一度解凍（解凍に10分前後必要）してから使わねばならないから、使いにくい。

そこで、非加熱製剤のリスクはどの程度のものなのかが問題となる。リスクが非常に小さければ、医療の現場にいる医師は利便性の高いものを選ぶこともあるだろう。つまり、リスクとベネフィット（利益）の利益衡量である。

厳密にいえばどんな薬にも多少の副作用は存在する。副作用というリスクよりも、その薬を使用することで病気を治す利益のほうが高ければ、その使用は妥当性が高いといえるのだ。そこには非常に高度な利益衡量が働いている。

非加熱製剤に関しては、輸血によるエイズ患者の発生でリスクの大きさが周知となり、その使用は後に禁止されたわけだが、その種のリスクはどんな治療法にも存在する可能性がある。百パーセント安全が確認された医療行為をなすべきだ、との論議は理想論であると思う。しかし、医療の安全性は可能な限り追求されなければならないのは当然で、そこに医師に求められる利益衡量能力の重要な意味が含意されるといえるだろう。

〈コラム〉神の手を持つ医師

第1章のコラムで紹介した巧緻性の試験は、子供の正確な運動能力を試すものであり、小学校受験ではひもを結ぶ、細い穴に通す、あるいは指定された形にハサミで紙を切り抜くといった作業を通して、ペーパーテストでは測れない能力を見ていたのであった。

ところで、医師、特に外科医にはこの巧緻性が非常に大きな位置を占めている。現在の外科手術は極めて精密、細緻になっているのだが、それがどのようなレベルに達しているか、神の手を持つといわれる医師の話を紹介しよう。

葉山ハートセンター名誉院長、須磨久善医師がその人である。須磨医師は心臓外科手術の専門家で、バチスタ手術という心臓縮小手術を日本で初めて手がけた人物としても有名である。その技術は国内のみならず海外およそ10ヵ国で手術を行うなど世界的な評価を受けている。

その須磨医師に伺ったことなのだが、普通、外科医はまだ技術が未熟な30代前半頃までは、いつ自分が手術を任されてもよいように縫合の練習を積むとのことだ。その実験台になるのは一般には動物なのだという。しかし、実験動物はだいたいその場で死んでしまう。ところで、須磨医師は大の動物好きで、自分の練習のための実験台として動物を使用することがどうしてもできなかったという。いろいろ考えた末、動物の代わりに思いついたのがティッシュペーパーだった。以下は須磨医師の言葉である。

「心臓が元気な人の場合、血管の壁がしっかりしている。ところが、手術が必要となるほどに動脈硬化が進んでいる人は、壁が相当に薄くなっている。また、脆くなってちぎれやすい。1ミリの血管を縫うにしても壁がちぎれたり裂けたりする可能性がある。そんな微妙な状態で手術をするわけだから、相当に気をつかわないといけない。そんなとき、ティッシュペーパーがちょうど傷んだ血管の壁に似ているなと思いつき、実際に手術で使う道具で縫合の練習を始めた。ティッシュペーパーならば、いくらでも気兼ねなく練習できるから……」

ティッシュペーパーのような状態の血管を縫合するとは、まさに神業である。須磨医師の技量は特別としても、医師に求められる巧緻性とはこのようなレベルにあるのだ。細い穴にひもを通していた幼児の巧緻性が、医療の現場ではここまで進歩・発展しているのである。

Ergebnis（帰結）

人が仕事をする上で、実は生きていく上で、必要とされる能力は一貫している。勿論、高度な専門職には、それぞれに違った能力が必要となろうが、それも基本的な能力の枠組みの発展形であるはずだ。このような仮定を出発点に、幼児期の始原の基本的能力がどのような発展段階をたどり、職業能力に結び付いていくのかを、各段階の試験問題を手掛かりに検証してきた。

この検証作業の鍵になったのは私が立てた一つの仮説である。すなわち、現在日本で実施されている試験の構造には一定の法則・枠組みがありその背景には同一の要素・因子が潜んでいるのではないかということであった。つまり、試験とは能力の発達段階を測る手段であるから、各分野、各段階で実施されている試験問題がどのようなレベルの能力をもとめているのかという、その意図・目的を解明していけば、最終的にある職業が要求する能力レベルを知ることができることになる。

逆にいえば、難関とされる職業につくための試験、ここでは国家公務員I種試験、ロースクール入学試験、医学部入学試験だが、これらの試験問題を分析してみれば、将来、キャリア官僚や法曹人、医師になろうとするとき、どのような能力を伸ばせば有効かという方向性が明らかになるはずである。

職業能力に結び付くという観点から、私は二つの前提の能力と七つの基本的能力に着目した。すなわち「同一性を発見する力」と「相対的に見る力」を前提として、推理能力、比較能力、集合（全体と部分）能力、抽象能力、整理・要約能力、直感的着眼能力、そして因子順列能力である。

小学校入学前のそれらの能力は当然のことながら非常に未熟で素朴な段階にあった。例えば推理能力でいえば与えられた条件の法則性を理解し、単純に次の展開を読むといったことであったし、比較能力は長い、短い、重い、軽い、遠い、近いといった比較を三者ないし四者の関係性の中で探るものであった。集合能力や抽象能力、整理・要約能力にしても同様に高次なものが求められていたわけではない。総じて、条件と結果がダイレクトに結び付いているような問題解決能力がこの時期の基本的能力の在りようだったのである。

ところが、中学受験の段階になると、これらの能力は一種の質的転換期を迎えることになる。すなわち、論理を重層的に展開できる純粋な思考能力が求められるのだ。論理的思考を補強する知識の量や論理的思考能力の洗練度に違いはあるものの、論理的思考能力の原型はほぼこの時期に形成される。東大の入試問題やＳＰＩの能力検査問題の解説の中で、優秀な小学生なら解答可能と何度か指摘したのはこうしたことを含意している。

こうした過程を経て、例えば比較能力は第3章のキャリア官僚、4章の法曹人、5章の医師の項で触れたような利益衡量というより高い次元の能力に変貌する。また、推理能力は同じく第5章の医師の項で触れた生命に関わる高次な判断の拠りどころとなる利益衡量能力と融合し、進化する。

ところで、本書では論旨を明確にするために、問題とそれを解決するのに必要な能力の関係を主として一つに絞って解説してきた。しかし、実際の問題解決能力はそれほど単純ではない。勿論、それはいくつかの能力因子が複合的に機能しているのである。問題が高度になるほど能力因子の複合、つまり因子順列能力の働きが必要になるのである。

例えば、社会人に求められる職業能力として、私は推理能力、比較能力、抽象能力を重要能力因子と位置づけた。しかし、このことは単体としてこの能力が重要で、その他の能力因子は不必要になる、という意味ではない。むしろそれらの能力は、より高い次元で複合・統合されているのである。

キャリア官僚の職業能力では行政の公正さの面から利益衡量因子を中心に、一つの法律をつくる作業においては全体の法体系の中での整合性を確保するため全体と部分の関係を考慮した集合能力が必須となるし、疎漏《そろう》のない政策立案書をまとめる場合には、肝腎なポイントに直感的に着眼しうる能力や膨大な資料を整理・要約する能力が必須となろう。法曹人の職務では、論証能力という新しい能力を示したが、この能力も集合や抽象、比較能力（利益衡量）などが融合したところに存在しているといえるのだ。

また、医師の職務能力では、愁訴を抱える患者を前に変化に気づく着眼力と推理力、そして一瞬で判断する利益衡量能力が必要となる。

つまり、高度な専門性を必要とする職業ほど、各種の能力を複合的に機能させ高い次元に昇華させる総合的・統合的な能力が必要とされているのである。

さて、私は一つの仮説を出発点に、実社会で職業人として求められる能力の在りようをこれまで検証してきた。高度な能力を必要とする職業はほかにも多々あるだろうが、少なくとも、その入口でペーパー試験が課され、論理的思考能力が問われている三つの職業、すなわちキャリア官僚、法曹人、医師については、問われる能力と職業の基本的な関係は私の仮説で説明が可能であると、結論づけたい。難易度が高いといわれている試験も、その背景を探究すれば、なるほど背景でこういう能力を測定していたのかと多少なりともご納得いただけたのではなかろうか。

また、ペーパー試験が課されない種々の職業に関しても、実は本書で検証してきた同様な能力が、主として実務の側面から問われているケースも、勿論あるだろう。

人の能力はすばらしい可能性を秘めている。今回、「お受験」小学校入試から順を追って能力の発展段階をたどることで、改めて私自身がその感を強くした。これから試験に臨む人、また、社会で働いている人は、自分が目指す学業、職業の背景にある能力構造を理解することで効率的に自分の学業能力や職務能力を伸ばしていただきたい。

これが本書を通じて、私が一番伝えたかったことである。

参考文献

○J・ピアジェ「思考の誕生」滝沢武久訳　朝日出版社
○J・ピアジェ「臨床児童心理学　1　児童の自己中心性」大伴茂訳　同文書院
○Guilford, The Nature of Human Intelligence, McGraw-Hill
○Guilford, Hoepfner, The Analysis of Intelligence, McGraw-Hill
○Thurstone, Factorical Studies of Intelligence, University of Chicago Press
○波多野誼余夫・稲垣佳世子「知力の発達」岩波書店
○波多野完治・滝沢武久「子どものものの考え方」岩波書店
○池田清彦「分類という思想」新潮社
○一橋能開センター編「入学試験問題集合格辞典」徳プロ出版部
○山下富美代編著「図解雑学発達心理学」ナツメ社
○久能徹・松本桂樹監修「図解雑学心理学入門」ナツメ社
○大村政男「図解雑学心理学」ナツメ社
○こぐま会幼児教育実践研究所編「領域別入試問題分析Ⅰ」
○幼児教育実践研究所「こぐま会」入試情報センター編　過去19年間入試問題分析

「光塩女子学院初等科」「田園調布雙葉小学校」「東洋英和女学院小学部」「雙葉小学校」「慶應義塾幼稚舎」「成蹊小学校」「青山学院初等部」「暁星小学校」「白百合学園小学校」「聖心女子学院初等科」「立教女学院小学校」「学習院初等科」

本書の小学校入試問題の大半は、「こぐま会」入試情報センターより出版されている学校別入試問題集から引用している。なお、小学校入試問題に付した年は、入学年度である。

○久野泰可「間違いだらけのお受験」講談社
○市川功「ピアジェ認識論に関する一考察」倫理学年報
○武田俊昭「ピアジェの保存概念に関する文献研究」聖和大学論集
○大伴栄子「ピアジェ理論と幼児教育」1～7国立音楽大学研究年報
○滝沢武久「日本におけるピアジェ理論の展開」電気通信大学紀要
○波多野完治「子どもの弁証法的思惟」児童心理
○大浜幾久子　展望「ピアジェ理論の展開：ジャン・ピアジェ生誕百年にあたって」教育心理学年報
○Parrat-Daya講演記録「数構成の問題―ピアジェ心理学における部分・全体関係」筑波大学教育研究年報

○今田寛他「心理学の基礎」培風館
○氏原寛他「心理臨床大事典」培風館
○金城辰夫、野口薫編「心理学概論」有斐閣
○梅津八三他監修「新版心理学事典」平凡社
○天岩静子「Piagetにおける保存の概念に関する研究」教育心理学研究
○山岸洋介「数学教育の観点からみたピアジェ理論について」武庫川女子大学紀要
○田坂広志「集合的知性の誕生」学士会会報
○佐野竹彦「関係変動型のアナロジー推理のプロセス」愛知教育大学研究報告
○遠藤豊「理科の授業入門」明治図書出版
○内井惣七「うそとパラドックス」講談社
○小林公夫編著「最新時事用語ｔｅｒｍ」vol.1～3　早稲田経営出版
○内井惣七「いかにして推理するか　いかにして証明するか」ミネルヴァ書房
○「有名中学入試問題集」声の教育社
○「全国有名国立・私立中学算数問題解法事典」聖文社
○「生物全国大学入試問題正解」旺文社
○「英語全国大学入試問題正解」旺文社

○小林公夫「有名中学合格講義シリーズ」全24巻　毎日新聞社、トーコー企画
○小林公夫「SPI能力検査30秒即解法」早稲田経営出版
○池内有朋「スチュワーデス地上職・総合職・入試の傾向と対策」東京スチュワーデスクラブ出版局
○小林公夫「公務員試験一般教養の天才」早稲田経営出版
○成川豊彦「No.1校No.1講師33人が教える合格のノウハウ―資格試験・短期合格システムで勝つ！」ＫＫロングセラーズ
○野矢茂樹「論理トレーニング」産業図書
○野矢茂樹「論理学」東京大学出版会
○野矢茂樹「論理トレーニング101題」産業図書
○岡山誠司「問題解決の方法」講談社
○Ｗセミナー編「公務員試験予想問題集ＧＵＴＳシリーズ」教養科目　一般知能（判断推理・数的推理・資料解釈）早稲田経営出版
○Ｗセミナー編「公務員試験予想問題集ＧＵＴＳシリーズ」教養科目　一般知能パワーアップ（判断推理・数的推理・資料解釈・新傾向問題）早稲田経営出版
○Ｗセミナー編「公務員試験予想問題集ＧＵＴＳシリーズ」教養科目　文章理解　早稲田

経営出版
○Wセミナー編「平成16年度受験用公務員試験『最新3ヵ年過去問』シリーズ」国家I種本試験問題集（教養）早稲田経営出版
○Wセミナー編「平成16年度受験用公務員試験『最新3ヵ年過去問』シリーズ」国家I種本試験問題集（専門／法律職・経済職・行政職）早稲田経営出版
○「国家I種教養試験過去問500」実務教育出版
○小林公夫「法曹への論理学」早稲田経営出版
○加藤一郎「リーガル・マインドについて」法学教室No.133
○高野耕一他「特集Iリーガル・マインドとは何か」法学教室No.175
○田中成明「法的思考とはどのようなものか」有斐閣
○井上茂「法の根底にあるもの」有斐閣
○渡辺洋三「法というものの考え方」日本評論社
○江口三角「体系的思考と問題的思考」法学教室No.100
○田中成明「法的思考の特質と現況」法学教室
○田中成明「法的思考とイデオロギー」法哲学年報
○日本法哲学会編「法的思考の現在」法哲学年報

○The official LSAT Sample Preptest, October 1996, From 7LSS33
○日弁連法務研究財団適性試験問題（２００３年実施分）
○Wセミナー編「法科大学院適性試験問題集」早稲田経営出版
○小林公夫「3時間でわかるロースクール小論文」早稲田経営出版
○医歯薬・医療系入試シリーズ「聖マリアンナ医科大学」教学社
○医歯薬・医療系入試シリーズ「東京女子医科大学医学部」教学社
○細田瑳一「医師国家試験の出題形式の改善に関する研究」報告書　全国の医科大学・医学部の在学生に対して行われた Skills Analysis の事例について
○医歯薬・医療系入試シリーズ「日本大学医学部」教学社
○山田貴敏「Dr.コトー診療所」小学館
○Tanja Hartmann, Eigenmächtige und fehlerhafte Heilbehandlung, Nomos Verlagsgesellshaft
○島村美輝　麹町慶進会にて取材（２００３年12月16日ＰＭ３：00～５：00、２００４年４月10日ＰＭ０：30～１：30）
〒１０２-００８３千代田区麹町４-８（株）けいしんかい☎03-３２６５-７７７４

島村塾長には、取材の他、本書の小学校入試問題の一部をご提供頂いた。
○平成14年特（わ）2909号　同年刑（わ）第2383号、第2676号事件　東京地方裁判所にて取材（2004年4月19日PM2：45〜3：45他）
○浜六郎　医薬ビジランスセンターにて取材（2004年2月26日PM2：00〜4：00）
〒543-0062大阪市天王寺区逢阪2-3-1-502医薬ビジランスセンター☎06-6771-6345
「異種格闘」対談〜21世紀の医をつくる。小林公夫・浜六郎「医師としてのメンツや立場が薬害エイズを広めた元凶」ばんぶう（通号276）の際に取材させて頂いた内容を引用している。
○森功　医療法人医真会にて取材（2003年3月5日AM10：00-12：00）
〒581-0036大阪府八尾市沼1-41医療法人医真会☎0729-48-2500
「対談　刑事罰は医療ミスの抑止力となりえるか　軽い刑罰なら予防効果は期待薄医師同士が裁き合う制度つくれ！森功VS小林公夫」ばんぶう（通号266）の際に取材させて頂いた内容を引用している。
○須磨久善　葉山ハートセンターにて取材（2001年9月7日PM3：30〜4：30）
〒240-0116神奈川県三浦郡葉山町下山口1898葉山ハートセンター☎046-

875-1717
医事刑法の研究論文執筆のため取材した際に須磨名誉院長よりお聞きした内容を引用している。

となりの芝生は美しく、興味をそそるものなのだろうか。ドイツ、オーストリアの刑法(Strafrecht)の研究が専門であるにも拘《かか》わらず、しばし心理学、社会学の分野に足を踏み入れてしまった。タイミングが良いのか悪いのか法科大学院の開校と執筆時期が重なったため、毎週大教室で法曹人育成のための「法律の基礎論」や「論理学」の講義を数百名に指導しながらの執筆となった。更に、博士課程の研究のため、ドイツ、オーストリア、アメリカの膨大な文献にうずもれながら暇を見て一章一章、筆を進めることとなった。

当初、本書は人間の〝論理力〟に関する漠然とした内容からスタートした。それが「能力の系統樹」という一本筋の通った内容に仕上がったのには訳がある。それは、私の師匠、一橋大学の橋本正博教授によるところが大きい。

なぜなら、ここ数年の研究の過程で、教授が常日頃口にされていた「刑法の領域で未だ発表されていない新しい統一原理を発見しなさい」との言葉が、本書の統一原理解明につながったからである。

事もあろうに、教授のその指導が医事刑法の博士論文に反映される前に、本書の一貫した思想を形成するきっかけとなってしまったのである。

本書の執筆に際しては、取材先をはじめ様々な人々に力を貸して頂いた。

ことに、脱稿するまで現代新書出版部の本橋浩子さんには、強力に励まされた。彼女は、高田馬場の私の事務所に何度も足を運び、執筆の進まない私のモティベーションを高めてくれた。また、一般書としての本書の価値を私に説き、何とか出版にまで導いてくださった。特記して厚く御礼を申し上げたい。多くの人の支えがあり、本書は世に出ることになったのである。

最後に本書の執筆にあたり、J・ピアジェ著『思考の誕生』の一読を私に勧めてくれた妻と、ピアジェの偉大な臨床実験の追試に付き合ってくれた娘たちに感謝し、本書を捧げたいと思う。

小林公夫

講談社現代新書　1729

論《ろん》理《り》思《し》考《こう》の鍛《きた》え方《かた》

二〇〇四年七月二〇日第一刷発行

著者――小林《こばやし》公夫《きみお》　

発行者――野間佐和子　発行所――株式会社講談社

東京都文京区音羽二丁目一二―二一　郵便番号一一二―八〇〇一

電話（出版部）〇三―五三九五―三五二一　（販売部）〇三―五三九五―五八一七　（業務部）〇三―五三九五―三六一五

装幀者――杉浦康平＋佐藤篤司

印刷所――大日本印刷株式会社　製本所――株式会社大進堂

（定価はカバーに表示してあります）　Printed in Japan

N.D.C.116.5　260p　18cm

ISBN4-06-149729-4

「講談社現代新書」の刊行にあたって

教養は万人が身をもって養い創造すべきものであって、一部の専門家の占有物として、ただ一方的に人々の手もとに配布され伝達されうるものではありません。

しかし、不幸にしてわが国の現状では、教養の重要な養いとなるべき書物は、ほとんど講壇からの天下りや単なる解説に終始し、知識技術を真剣に希求する青少年・学生・一般民衆の根本的な疑問や興味は、けっして十分に答えられ、解きほぐされ、手引きされることがありません。万人の内奥から発した真正の教養への芽ばえが、こうして放置され、むなしく滅びさる運命にゆだねられているのです。

このことは、中・高校だけで教育をおわる人々の成長をはばんでいるだけでなく、大学に進んだり、インテリと目されたりする人々の精神力の健康さえもむしばみ、わが国の文化の実質をまことに脆弱なものにしています。単なる博識以上の根強い思索力・判断力、および確かな技術にささえられた教養を必要とする日本の将来にとって、これは真剣に憂慮されなければならない事態であるといわなければなりません。

わたしたちの「講談社現代新書」は、この事態の克服を意図して計画されたものです。これによってわたしたちは、講壇からの天下りでもなく、単なる解説書でもない、もっぱら万人の魂に生ずる初発的かつ根本的な問題をとらえ、掘り起こし、手引きし、しかも最新の知識への展望を万人に確立させる書物を、新しく世の中に送り出したいと念願しています。

わたしたちは、創業以来民衆を対象とする啓蒙の仕事に専心してきた講談社にとって、これこそもっともふさわしい課題であり、伝統ある出版社としての義務でもあると考えているのです。

一九六四年四月　野間省一

言葉とコミュニケーション

837 中国の名句・名言──村上哲見
857 ジョークの哲学──加藤尚武
881 うそとパラドックス─内井惣七
925 日本の名句・名言──増原良彦
1264 四字熟語──島森哲男
1275 自分をどう表現するか─佐藤綾子
1468 国語のできる子どもを育てる──工藤順一
1515 バイリンガリズム──東照二
1517 悪の対話術──福田和也
1563 悪の恋愛術──福田和也
1626 河合塾マキノ流! 国語トレーニング──牧野剛
1643 論理に強い子どもを育てる──工藤順一
★
587 文章構成法──樺島忠夫
1603 大学生のためのレポート・論文術──小笠原喜康
1616 理系発想の文章術──三木光範
1620 相手に「伝わる」話し方─池上彰
1644 分かりやすい日本語の書き方──大隈秀夫
1665 新聞記事が「わかる」技術─北村肇
1677 インターネット完全活用編 大学生のためのレポート・論文術──小笠原喜康
★
553 創造の方法学──高根正昭
★
327 考える技術・書く技術─板坂元
436 知的生活の方法──渡部昇一
538 続 知的生活の方法─渡部昇一
722 「知」のソフトウェア──立花隆
1408 創造力をみがくヒント─伊藤進
1453 図書館であそぼう──辻由美
1485 知の編集術──松岡正剛
1596 失敗を生かす仕事術─畑村洋太郎
1627 インタビュー術!──永江朗
1668 脳を活かす! 必勝の時間攻略法─吉田たかよし

日本語

372 日本語のこころ——渡部昇一
868 敬語を使いこなす——野元菊雄
1074 故事成語——合山究
1200 外国語としての日本語—佐々木瑞枝
1399 日本語のレッスン——竹内敏晴
1450 敬語はこわくない——井上史雄
1459 日本語の復権——加賀野井秀一
1468 国語のできる子どもを育てる——工藤順一
1550 敬語で解く日本の平等・不平等——浅田秀子
1618 まちがいだらけの日本語文法——町田健
1626 河合塾マキノ流！国語トレーニング——牧野剛
1644 分かりやすい日本語の書き方——大隈秀夫
1665 新聞記事が「わかる」技術——北村肇
1672 日本語は年速一キロで動く——井上史雄
★ 1193 漢字の字源——阿辻哲次
★ 873 日本語をみがく小辞典〈名詞篇〉—森田良行
969 日本語をみがく小辞典〈形容詞・副詞篇〉—森田良行
1042 日本語誤用・慣用小辞典——国広哲弥
1250 日本語誤用・慣用小辞典〈続〉——国広哲弥

P